BASTEI
LÜBBE

Bisher sind im BASTEI-LÜBBE Taschenbuchprogramm als Sweet-Love-Super-Special nachstehende Bände erschienen:

56 501 Ein Sommer in Kalifornien
56 502 Klatsch und Küsse in Sweet Valley
56 503 Her mit den flotten Franzosen

Kate William

Der Ferien-Job und die Jungs von Malibu

Der extra dicke Lese-Spaß
nach einer Idee von Francine Pascal

BASTEI
LÜBBE

BASTEI-LÜBBE-TASCHENBUCH

Sweet Love Sonderband
Band 56 504

Published by arrangement with Cloverdale Press
Sweet Love entstand aus der amerikanischen Serie
„Sweet Valley High", ein Trademark von Francine Pascal

Deutsche Lizenzausgabe 1987
Bastei-Verlag Gustav H. Lübbe GmbH & Co., Bergisch Gladbach
Originaltitel: Malibu Summer
Ins Deutsche übertragen von Brigitta Booz
Titelfoto: Mauritius
Umschlaggestaltung: Quadro-Grafik, Bensberg
Druck und Verarbeitung:
Elsnerdruck, Berlin
Printed in Western Germany
ISBN 3-404-56504-5

Der Preis dieses Bandes versteht sich einschließlich
der gesetzlichen Mehrwertsteuer.

1

Elizabeth Wakefield hatte sich schon lange nicht mehr so pudelwohl gefühlt. Mit geschlossenen Augen lag sie auf einem riesigen, gestreiften Badelaken ausgestreckt und lauschte dem Rhythmus der Pazifikwellen, die gemächlich auf den Strand zurollten. Die Wärme der Sonne und der milde, salzige Duft nach Meer ließen sie langsam schläfrig werden. Doch das Beste daran war, daß sie auch ohne schlechtes Gewissen einschlafen konnte, wenn ihr danach zumute war. Die Sommerferien hatten gerade begonnen, und für Elizabeth gab es nichts auf der Welt, worum sie sich sorgen mußte.

Aber schon im nächsten Moment wurde sie unsanft aus dem Halbschlaf gerissen. »Hier bist du also!« rief eine vertraute Stimme. »Liz, weißt du eigentlich, daß ich den ganzen Strand nach dir abgesucht habe? Du hast mir nicht gesagt, wo du hingehst«, fügte Jessica hinzu.

Elizabeth stöhnte und machte die Augen auf. »Gibt es da nicht so ein Sprichwort, daß man schlafende Schwestern nicht wecken soll?«

»Nicht, daß ich wüßte«, erwiderte Jessica fröhlich. Sie plazierte ihr Kofferradio direkt neben Elizabeths Kopf und stellte das Gerät ein bißchen lauter.

»Ich stehe total auf diesen Song!« verkündete sie,

während sie Badelaken und Strandtasche fallen ließ, um die Antenne auszurichten. »Tony Sargent ist einfach stark!«

»Tony wer?« Elizabeth richtete sich mit einem Seufzer auf und schob die Träger ihres Badeanzugs wieder hoch. Anscheinend konnte sie ihr geplantes Nikkerchen erstmal vergessen.

Jessica riß ungläubig die Augen auf, dann hockte sie sich neben Elizabeth und starrte ihre Schwester fassungslos an. »Das ist doch wohl nicht dein Ernst, Liz«, sagte sie schließlich. »Willst du damit etwa behaupten, daß du nicht weißt, wer Tony Sargent ist?«

Elizabeth lachte. »Du kannst es mir ruhig glauben«, antwortete sie trocken. »Ich lebe total hinterm Mond. Also, wer ist er?«

Jessica schüttelte den Kopf, so daß ihr langes blondes Haar ihr um die Schultern fiel. »Liz, manchmal kann ich einfach nicht fassen, daß wir beide Schwestern sein sollen – geschweige denn Zwillinge! Er ist ein Rock-Star«, erklärte sie, wobei sie in ihrer Tasche nach einer Zeitschrift wühlte. Als sie sie gefunden hatte, warf sie sie ihrer Schwester auf das Badelaken. »Und jetzt spielt er auch noch in einem Film mit. Sieht er nicht super aus?«

Elizabeth betrachtete das Titelfoto auf der Zeitschrift. Der blonde, gutaussehende Junge kam ihr tatsächlich irgendwie bekannt vor, aber Elizabeth genoß die sichtliche Ungeduld ihrer Zwillingsschwester viel zu sehr, um ihr jetzt schon einzugestehen, daß sie ihn wiedererkannt hatte.

Eigentlich komisch, dachte Elizabeth, während sie sich auf den Bauch drehte und die Titelstory über Tony Sargents kometenhaften Aufstieg aufschlug. Für sie und Jessica war es ganz normal, daß sie völlig unterschiedliche Interessen hatten, genauso normal wie die Tatsache, daß sie äußerlich nicht voneinander zu unterscheiden waren.

Die beiden Mädchen waren sechzehn Jahre alt, und Zeit ihres Lebens hatten sie in dem kleinen Städtchen Sweet Valley gewohnt, das nahe am Meer lag. Mit ihrer gesunden Sonnenbräune und ihrem weichen, goldblonden Haar waren sie typische kalifornische Mädchen. Selbst ihre Augenfarbe erinnerte an Kalifornien – an das strahlende Blaugrün des Pazifisches Ozeans. Beide waren knapp einsachtundsechzig und schlank.

Als sie noch jünger waren, hatten sie sich manchmal genau gleich angezogen, besonders für Familienfotos oder um ihren Freunden alberne Streiche zu spielen.

Steven, der achtzehnjährige Bruder der Zwillinge, behauptete immer, die zwei seien unmöglich auseinanderzuhalten – bis eine der beiden den Mund aufmachte! Denn vom Wesen her waren Jessica und Elizabeth grundverschieden und deshalb auch leicht zu unterscheiden.

Elizabeth war viel ernsthafter und zuverlässiger als Jessica. In der Schule war sie fleißig und hatte fast nur gute Noten, besonders in Englisch, ihrem Lieblingsfach. Sie träumte davon, einmal Schriftstellerin zu werden, und insgeheim glaubte sie, daß dieser Ehrgeiz sie geprägt hatte. Elizabeth hielt sich immer mit voreiligen Schlüssen zurück, bemühte sich, ein fairer Beobachter zu sein und stürzte sich nie Hals über Kopf in irgendwelche Dinge. Ihre Arbeit als Redakteurin für den »Oracle«, die Schülerzeitung der Sweet Valley High School, hatte ihr geholfen, Geduld und Zielstrebigkeit zu entwickeln.

Das bedeutete aber keineswegs, daß Elizabeth nur ernsthafte Arbeit und kein Vergnügen kannte. Aber was ihr Spaß machte, hielt Jessica im allgemeinen für langweilig. Elizabeth hatte ein viel ruhigeres Temperament als ihre hitzköpfige Schwester. Sie las gern, ging ins Kino, machte lange Spaziergänge – und obwohl sie gern mit anderen zusammen war, waren ihr kleinere Gruppen von Freunden lieber als große Parties.

Jessica konnte den Interessen ihrer Schwester nicht viel abgewinnen. Obwohl sie Liz unheimlich gern hatte, fand sie insgeheim oft, daß ihre Schwester fürchterlich viel Zeit verplemperte – besonders mit ihrer Arbeit für die Schülerzeitung. Jessica hielt auch Elizabeths beste Freundin, Enid Rollins, für das größte Tränentier aller Zeiten.

Jessica hielt sich am liebsten da auf, wo etwas los war. Schulaktivitäten, bei denen sie im Rampenlicht stehen konnte, gefielen ihr besonders. Deshalb war sie auch Co-Captain der Cheerleaders und Vorsitzende des exklusivsten Schülerinnen-Clubs an der Sweet Valley High School, dem Pi Beta Alpha.

Nichts fand Jessica aufregender als Abwechslung. Immer trug sie, was gerade Mode war, und sie schwärmte stets für die aktuellste Musik. Und so gefiel es ihr auch gar nicht, von ihrer Zwillingsschwester hören zu müssen, daß die Tony Sargent nicht kannte. Tonys Single, *»You're on My Mind«*, war in weniger als einem Monat an die Spitze der Hitparaden gelangt, und Jessica konnte kaum erwarten, daß sein Film endlich in die Kinos kam.

»Da wir gerade über Berühmtheiten sprechen«, meinte Jessica hinterlistig, während sie sich ihre Beine mit Sonnenöl einrieb, »hast du noch mal darüber nachgedacht, was ich dir von Malibu erzählt habe?«

Elizabeth lachte. »Ich hatte mich schon gefragt, wie lange es dauern würde, bis du mich weiter damit bearbeitest!« erwiderte sie. »Ich habe dir doch schon gesagt, Jessie, daß ich mir fest vorgenommen habe, diesen Sommer ein Praktikum bei den *Sweet Valley News* zu machen. Es wäre so wichtig für mich, mal bei einer richtigen Zeitung arbeiten zu können, besonders, wenn ...«

»Liz«, unterbrach Jessica sie schmollend, »du weißt genau, daß Mom und Dad gesagt haben, allein dürfte ich den Job in Malibu nie annehmen. Und wenn ich den ganzen Sommer über hier herumhängen muß, sterbe ich vor Langeweile!« Sie warf ihrer Zwillingsschwester einen Seitenblick zu, aber Elizabeth war offensichtlich nicht besonders beeindruckt.

Also probierte sie es mit einer anderen Taktik. »Liz, stell dir das doch bloß mal vor!« fing sie aufgeregt an. »Wir beide könnten einen Job als Kindermädchen bei traumhaft reichen Familien bekommen – direkt am Strand. Mensch, Liz, Malibu ist fast Hollywood, und das ist einfach der ideale Ort, seine Ferien zu verbringen! All die Stars haben dort Häuser. Wir beide werden sagenhafte Typen kennenlernen. Eine herrliche Zeit wird das! Außerdem«, fügte sie mit einer Extra-Betonung dazu, »werden wir dann mal ohne Eltern sein.«

Stirnrunzelnd holte Elizabeth ihre Sonnenbrille aus der Tasche und setzte sie auf. »Ich glaube, du stellst dir den Job viel einfacher vor, als er wahrscheinlich in Wirklichkeit ist, Jessica. Woher willst du wissen, daß es reiche Familien sein werden? Oder daß wir als Kindermädchen nicht richtig schwer arbeiten müßten?«

Jessica zuckte mit den Schultern. »Weil Lillian gesagt hat ...« Sie schlug sich die Hand vor den Mund und wurde knallrot.

Elizabeth begann es langsam zu dämmern. Sie kniff die Augen zusammen. »Aha«, meinte sie und nickte, »ich wußte doch, daß da ein Haken bei der Sache sein mußte! Was hat denn Lillian damit zu tun?«

Lillian Fowler und Jessica waren schon seit Jahren Freundinnen, aber ihre Beziehung hatte schon so viele Höhen und Tiefen durchmachen müssen, daß Elizabeth gar nicht so sicher war, ob »Freundschaft« überhaupt die richtige Bezeichnung dafür war. In allem waren sie erbitterte Konkurrentinnen, ob es nun um Kleider oder um Jungen ging, und wenn Lillian etwas hatte, konnte man mit Sicherheit davon ausgehen, daß Jessica es auch wollte – und umgekehrt.

Zu Jessicas Unglück war Lillian das einzige Kind des reichsten Mannes von Sweet Valley. Mr. Fowler war durch seine Computerfirma praktisch über Nacht zum Millionär geworden, und er zeigte gern nach außenhin, daß er ein dickes Bankkonto hatte. Lillian brauchte nur auf etwas zu zeigen, und schon gehörte es ihr. Zwar wußte Jessica, daß sie es finanziell niemals mit Lillian aufnehmen konnte, aber schließlich ging es im Leben um so viel mehr als nur ums Geld, und Jessica fühlte sich bestens ausgerüstet, es in allen anderen Dingen mit Lillian aufzunehmen!

Jessica sah sich unauffällig am Strand um. Sie wußte, daß Elizabeth Lillian für oberflächlich und verwöhnt hielt. Ganz bewußt hatte Jessica versucht, vor ihrer Schwester geheimzuhalten, daß auch Lillian einen solchen Job hatte. Sie wollte es ihr erst sagen, wenn Liz ihre Meinung geändert und zugestimmt hatte, doch mitzukommen. Jetzt würde sie einen anderen Weg einschlagen müssen. »Lillians Dad hat ihr einen Job in Malibu verschafft«, gab Jessica zu.

Elizabeth sah sie überrascht an. »Lillian und arbeiten? Ist das nicht reichlich ungewöhnlich?«

Jessica lächelte. »Stimmt, das ist es auch. Lillian hat noch nie in ihrem Leben einen Finger krumm gemacht. Aber angeblich ist Mr. Fowler der Meinung, daß ihr ein bißchen Arbeit mal nicht schaden könnte. Er findet, es könnte ihr helfen, Rückgrat zu entwickeln.«

Elizabeth grinste. »Ich kann mir kaum vorstellen, wie Lillian den ganzen Sommer lang Windeln wechselt.«

»Ach, darüber brauchst du dir keine Gedanken zu machen. Mr. Fowler hat irgendeinen großen Kunden, dessen Sohn ein Haus in Malibu besitzt. Der Sohn ist verheiratet, und das Paar hat ein zweijähriges Kind und eine Kinderschwester und ungefähr noch drei weitere Leute, die den Kleinen versorgen. Lillian braucht bloß ab und zu mit ihm zu spielen und ihm abends etwas vorzulesen. Das klingt eigentlich ganz harmlos.«

Elizabeth machte ein nachdenkliches Gesicht. »Und du willst auch einen Job in Malibu, damit du den Sommer über mit Lillian zusammensein kannst?«

Jessica sah sie gequält an. »Nein, eigentlich nicht. Ehrlich, Liz, Lillian hat damit nichts zu tun. Ich finde nur, daß die Idee unglaublich gut klingt, weiter nichts. Außerdem«, fügte sie mit gesenktem Blick hinzu, »möchte ich den schönsten Sommer aller Zeiten mit meinem Lieblingszwilling gemeinsam erleben.«

Elizabeth verdrehte die Augen. »Würden Mom und Dad nicht darauf bestehen, daß du nur mit mir zusammen nach Malibu darfst, würdest du deinen ›Lieblingszwilling‹ garantiert hier sitzenlassen, ohne auch nur mit der Wimper zu zucken!«

»Psssst!« machte Jessica nach einem kurzen Blick über die Schulter. »Da kommt Lillian gerade. Laß uns lieber morgen darüber weiterreden, einverstanden?«

Elizabeth zuckte mit den Schultern. »Wie du willst.«

Jessica hatte Lillian schon erzählt, was für Bedingungen ihre Eltern stellten, und Lillian hatte Jessica versprochen, ihr dabei zu helfen, Elizabeth zu bearbeiten. Lillian wünschte sich kaum weniger als Jessica, daß sie beide nach Malibu gehen konnten, und auch Lillian war es wie Jessie gewöhnt, ihren Willen durchzusetzen.

»Ihr zwei seid ja schon so schön braun«, meinte Lillian zur Begrüßung. Sie schlüpfte aus ihrem Strandkleid, und zum Vorschein kam ein Einteiler aus Lederimitat, den Elizabeth insgeheim ziemlich gewagt fand.

»Na, wie gefalle ich euch«, fragte Lillian. Sie drehte sich einmal um sich selbst, um den Zwillingen den tiefen Rückenausschnitt zu zeigen. »Glaubt ihr, der ist heiß genug für Malibu?«

Elizabeth lachte. »Auf alle Fälle wirst du damit Aufsehen erregen.«

Jessicas Augen leuchteten auf. »Er ist toll, Lillian«, versicherte sie. Sie zwinkerte ihrer Freundin zu und klopfte einladend auf ihr Badelaken. »Ich habe Liz gerade erzählt, was für einen wunderbaren Sommer du vor dir hast.«

»Wunderbar«, widersprach Lillian dramatisch, »ist überhaupt kein Ausdruck dafür. Dieser Sommer wird für mich der wichtigste, unvergeßlichste ...«

»Ich habe dir doch gesagt, daß sie total aus dem Häuschen ist«, meinte Jessica zu ihrer Schwester und grinste.

»Mehr als das«, verbesserte Lillian. »Ich habe mir fest vorgenommen, mich diesen Sommer unsterblich zu verlieben.«

»Und in wen?« fragte Elizabeth amüsiert.

Lillian sah sie mörderisch an. »Wer weiß?« antwortete sie. »In Malibu laufen die gutaussehenden Typen in Scharen herum.«

»So?« meinte Elizabeth nur und lachte.

Jessica sah Lillian entmutigt an. »Es hat keinen Sinn«, sagte sie betrübt. »Liz will einfach nicht begreifen, wie toll es in Malibu sein wird, Lillian.«

Lillian runzelte die Stirn und wandte sich Elizabeth zu. »Du kannst mir doch nicht erzählen, daß du wirklich den ganzen Sommer lieber hier herumhängen willst.« So, wie sie das sagte, hörte es sich an, als wäre es für sie dasselbe, als ob jemand freiwillig ins Gefängnis ginge oder so.

»Mir würde das nichts ausmachen. Ich wollte versuchen, ein Praktikum bei den News zu machen«, erwiderte Elizabeth ungerührt.

Lillian sah entsetzt aus. »Bei den News? Soll das heißen, du willst wirklich den ganzen Sommer drinnen verbringen?«

»Gib's auf«, riet ihr Jessica düster. »Sie will nicht hören, Lillian. Ich hab's schon versucht.«

»Was für Männer willst du denn schon bei den News kennenlernen?« fügte Lillian hinzu. Sie machte große Augen, als käme ihr erst jetzt richtig zu Bewußtsein, wie schlimm die Situation wirklich war.

Elizabeth schüttelte den Kopf. »Ich will doch nicht dort arbeiten, um Männer kennenzulernen. Ich will besser schreiben lernen!«

»Sie meint es ernst«, meinte Lillian zu Jessica.

»Sag ich doch«, antwortete Jessica. Plötzlich sprang sie auf und kramte dann in ihrem Portemonnaie. »Soll ich einem von euch etwas mitbringen? Ich gehe mir oben an der Snackbar ein Sprudelwasser holen.«

»Nein, danke«, lehnte Elizabeth ab, holte ihr Buch hervor und öffnete es an der Stelle, wo sie ihr Lesezeichen stecken hatte.

»Hm, im Grunde geht mich das Ganze ja nichts an«, fing Lillian an, als Jessie außer Hörweite war, »aber findest du nicht, daß du dich ziemlich egoistisch benimmst, Liz?«

Elizabeth sah sie groß an. »Was meinst du damit?«

»Nur, daß sich Jessica so sehr wünscht, nach Malibu zu gehen, weiter nichts. Und eure Eltern wollen es ihr nur erlauben, wenn du mit dabei bist. Meinst du nicht, du könntest Jessica zuliebe auf die News verzichten?«

Elizabeth ließ ihr Buch sinken. »Glaubst du wirklich, daß es Jessica so viel bedeutet?« fragte sie plötzlich verunsichert. Ihrer Schwester wehtun wollte Elizabeth ganz bestimmt nicht. Sie hatte angenommen, dieser Job als Kindermädchen wäre nur mal wieder eine von Jessicas Launen. Aber wenn sich ihre Schwester das so sehr wünschte, wollte sie ihr nicht als einzige im Wege stehen.

»Ich weiß, daß es so ist«, versicherte Lillian ihr. Sie klappte einen Taschenspiegel auf und untersuchte ihre Nase auf Sommersprossen. »Glaub mir, Liz, wenn sie nicht gehen darf, wird sie bestimmt etwas Unüberlegtes tun!«

Elizabeth sagte eine Minute lang gar nichts. »Wenn es ihr wirklich so wichtig ist ...«, murmelte sie schließlich. Sie bemerkte nicht, wie Lillian triumphierend lächelte. Sie war damit beschäftigt, ihre Pläne neu zu überdenken. Vielleicht konnte sie ihr Praktikum auf den Herbst verschieben und nach der Schule für die Zeitung arbeiten oder das Ganze überhaupt auf den nächsten Sommer verlegen.

Jessica kam mit einer Dose Sprudelwasser in der Hand auf sie zu.

»Jessie«, meinte Elizabeth kurz entschlossen, »ich habe es mir anders überlegt wegen Malibu. Wenn du wirklich so gern dorthin willst, dann möchte ich nicht dafür verantwortlich sein, daß du hierbleiben mußt.«

Jessica flog die Sprudeldose aus der Hand, als sie sich auf ihre Schwester stürzte und ihr mit einem Freudenschrei um den Hals fiel. »Liz, ich liebe dich! Du bist die beste Schwester auf der ganzen Welt!« rief sie, und in ihrer Begeisterung strampelte sie so mit den Füßen, daß Lillian eine ganze Ladung Sand abbekam.

»Mensch, paß doch auf!« protestierte Lillian.

»Aber nur unter einer Bedingung«, fuhr Elizabeth fort, und sah ihre Schwester fest an, »und damit ist es mir absolut ernst, Jessie. Du übernimmst die gesamte Organisation. Du machst eine Agentur ausfindig, und du besorgst die Jobs und kümmerst dich auch sonst um alles. Wenn wir uns persönlich vorstellen sollen, komme ich mit, aber damit hat es sich dann. Ich möchte nicht schon wieder diejenige sein, die zum Schluß doch die ganze Arbeit am Hals hat. Verstanden?«

Jessica war viel zu aufgekratzt, als daß sie sich an dem entschiedenen Ton ihrer Schwester gestört hätte. »Keine Sorge«, versicherte sie atemlos, »ich werde mich um jede Kleinigkeit kümmern.« Dann grinste sie. »Ich habe sogar schon einen Termin bei Mrs. Norman von *Nannies and Company* für heute nachmittag vereinbart!«

Elizabeth stöhnte. »Du warst dir also von Anfang an völlig sicher, daß ich meine Meinung ändern würde!« beschuldigte sie ihre Zwillingsschwester.

»Liz, ich bin dir ja so dankbar«, sagte Jessica überschwenglich. »Und ich verspreche dir, daß du es nicht bereuen wirst!«

Elizabeth betrachtete ihre Schwester, und plötzlich hatte sie ein ganz komisches Gefühl im Bauch. Tatsächlich begann sie ihren Entschluß schon wieder zu bedauern.

Auf was hatte sie sich da wohl eingelassen?

2

Jessica stellte das rote Fiat-Kabrio, das ihr zusammen mit ihrer Schwester gehörte, vor dem kleinen Backsteingebäude ab und betrachtete sich noch einmal kritisch im Rückspiegel. Ihr war klar, wie wichtig dieses Vorstellungsgespräch war. Mrs. Norman, die Leiterin von *Nannies and Company*, suchte sich sehr sorgfältig die Mädchen aus, die sie vermittelte. Zu den Klienten ihrer Agentur zählten einige der angesehendsten Familien in Südkalifornien, und sie achtete stets darauf, nur Mädchen zu nehmen, die den allerbesten Eindruck machten.

Zu dem Vorstellungstermin hatte sich Jessica ungewöhnlich konservativ anzogen; sie trug eine gestreifte Hemdbluse mit einem passenden blauen Rock, den sie sich von Elizabeth geborgt hatte. Sie war fest entschlossen, einen guten Eindruck zu machen. Jetzt, nachdem sie Elizabeth endlich überredet hatte, mit ihr nach Malibu zu kommen, war Mrs. Norman die letzte Hürde vor ihrem Traumsommer!

Zehn Minuten später hockte sie nervös auf der Kante eines Stuhls in Mrs. Normans eindrucksvollem Büro. »Miß Wakefield?« fragte die Leiterin und schlug eine Aktenmappe auf. Patricia Norman war Anfang fünfzig, doch mit ihrem modisch kurzgeschnittenen, stahlgrauen Haar und ihrer schlanken Figur war sie immer noch außerordentlich attraktiv.

Verstohlen blickte Jessica sich um. Die Wände waren mit signierten Fotos geschmückt, die Mrs. Norman zusammen mit verschiedenen Berühmtheiten zeigten. Vielleicht benötigte diesen Sommer eine solche berühmte Familie ein Kindermädchen!

Jessica konnte ihre Begeisterung kaum bremsen. In wenigen Minuten hatte sie Mrs. Norman alles von sich und Elizabeth erzählt. »Am liebsten hätten wir Jobs bei Familien, die nicht so weit voneinander entfernt leben«, schloß sie eifrig. »Genau genommen, hatten wir an Malibu gedacht.«

Mrs. Norman lächelte. »Sie und Ihre Schwester sind Zwillinge, sagten Sie?« Sie rückte ihre Brille zurecht und machte ein nachdenkliches Gesicht. »Das gefällt mir.« Sie nickte nachdrücklich. »Bis jetzt haben wir über *Nannies and Company* noch keine Zwillinge vermittelt. Ich glaube, einigen unsere Klienten könnte der Gedanke kommen, Zwillinge zu beschäftigen. Erzählen Sie mir doch bitte, welche Erfahrungen Sie schon in diesem Bereich gesammelt haben.«

Jessica überlegte blitzschnell. »Ach, schon einige«, antwortete sie vage. Sie erinnerte sich daran, daß Lillian ihr gesagt hatte, Babys wären angenehmer als Kleinkinder, weil sie nichts weiter täten als essen und schlafen. »Mit Säuglingen habe ich die meisten Erfahrungen«, fügte sie hinzu.

»Sehr gut«, meinte Mrs. Norman. »Wir haben tatsächlich für diesen Sommer noch Jobs in Malibu zu vergeben, zwei, um genau zu sein, aber es gibt nur eine Familie mit Säugling dort, die ein Kindermädchen sucht.«

»Das klingt ja großartig«, meinte Jessica erfreut. Dann, als ihr plötzlich wieder Elizabeth einfiel, fügte sie hinzu: »Nur eine?« Ihr Gewissen meldete sich, aber im nächsten Augenblick hatte sie sich schon damit beruhigt, daß Elizabeth ja die Herausforderung liebte und daß sie sich bestimmt nur zu gern um ein älteres Kind kümmern würde.

»Ja – die Sargents.« Mrs. Norman blätterte die Akte flüchtig durch. »Sie sind noch ziemlich jung und haben erst ein Kind, einen kleinen Jungen, Sam.«

»Die Sargents«, wiederholte Jessica und zog die Augenbrauen hoch. »Sie sind doch nicht mit Tony Sargent verwandt, oder?«

Mrs. Norman lächelte. »Ich glaube, sie sind Cousins«, erwiderte sie. »Aber das stört Sie doch hoffentlich nicht, oder?«

Jessicas Augen strahlten. »Nein!« Ihre Stimme war vor Aufregung ganz schrill, und sie versuchte sofort wieder sich zusammenzureißen. »Ich meinte, das ist in Ordnung«, fügte sie dann etwas ruhiger hinzu.

Sie konnte ihr Glück einfach nicht fassen. Es war ja, als würde ein Traum in Erfüllung gehen! Sie würde diesen Sommer bei Tony Sargents Verwandten wohnen und sich um ein süßes kleines Baby kümmern. Tony würde wahrscheinlich ständig zu Besuch kommen. Innerhalb weniger Tage wären er und Jessica dicke Freunde, und dann ...

»Also«, fuhr Mrs. Norman fort, »der einzige andere freie Job in Malibu ist bei den Bennets.« Sie runzelte die Stirn. »Es sind nette Leute, aber ich bin mir nicht so sicher ... Kann Ihre Schwester wirklich gut mit Kindern umgehen? Ich fürchte, die kleine Tochter der Bennets ist ein ziemlich schwieriges Kind.«

Jessica zwang sich, ihre Gedanken für einen Moment auf etwas anderes zu konzentrieren als auf Tony Sargent. »Liz kann wunderbar mit Kindern umgehen«, behauptete sie. »Gerade mit Problemkindern. Sie liebt nämlich die Herausforderung.« Wieder meldete sich ihr Gewissen, aber sie kümmerte sich einfach nicht darum. Bestimmt macht es Elizabeth nichts aus, redete sie sich ein. So schlimm konnte das kleine Mädchen schließlich nicht sein!

»Nun ja«, sagte Mrs. Norman und seufzte, »letztes Jahr hat sich das Kindermädchen der kleinen Taryn bei uns beschwert. Anscheinend ist das Kind wirklich ziemlich problematisch, aber vielleicht hat sie sich ja inzwischen auch geändert. Wenn Sie sicher sind, daß Ihre Schwester der Aufgabe gewachsen ist ...«

»Ich bin absolut sicher«, erklärte Jessica überzeugend. »Ehrlich, Mrs. Norman, Sie sollten Liz einmal erleben. Sie kann alles so gut! Ich wette, daß sie Taryn bis zum Ende des Sommers um den Finger gewickelt haben wird.«

»Hier ist Ihre Informationskarte über die Sargents.« Mrs. Norman schien immer noch Zweifel zu haben. »Und hier ist die Karte über die Bennets. Selbstverständlich muß ich Ihre Schwester noch persönlich kennenlernen. Bitten Sie sie doch, daß sie so bald wie möglich hier vorbeikommt. Wenn dann alles soweit klar ist, möchte ist, daß Sie beide bei den Klienten anrufen und Vorstellungstermine vereinbaren. Man wird Sie wohl irgendwann am kommenden Wochenende kennenlernen wollen. Wenn alles reibungslos läuft, werden die Klienten hier anrufen und bestätigen, daß Sie die Jobs bekommen. Was halten Sie davon?«

»Das wäre prima.« Jessica steckte die kostbaren Karten in ihre Handtasche.

Ihr war, als würde sie schweben, als Mrs. Norman sie aus dem Büro begleitete.

Tony Sargent! Sie konnte ihr Glück immer noch nicht fassen. Und wenn Lillian das erst hörte!

Tony Sargent war praktisch über Nacht zu einer der größten Sensationen der letzten Jahre geworden. Er war erst siebzehn und hatte schon zwei Goldene Schallplatten und den Vertrag für seinen ersten Spielfilm. Was Jessica allerdings am meisten an Tony faszinierte, war seine überraschende Natürlichkeit.

Jedesmal, wenn sie sein Bild in einer Zeitschrift sah, war sie beeindruckt von dem offenen, beinah unschuldigen Ausdruck seiner großen blauen Augen. Mit seinem blonden Haar und seiner tollen Sonnenbräune wirkte er eher wie ein Surfer als wie ein berühmter Star.

Und seine Stimme! *»You're on My Mind«* jagte Jessica immer wieder einen Schauer über den Rücken. Wenn er sang *»But, baby, still I find, that you're on my mind«*, war es Jessica immer richtig zum Weinen zumute. Seine Stimme ging ihr einfach unter die Haut. Sie klang so rauh und kratzig und gleichzeitig so unglaublich zärtlich und sexy!

Tony Sargent mochte bis jetzt nicht ahnen, daß es Jessica Wakefield gab, aber das würde sich schon bald ändern!

Jessica achtete kaum auf den Verkehr, als sie nach Hause fuhr. Sie stellte sich einen Sonnenuntergang in Malibu vor, rauschende Wellen am Strand, während sie und Tony Hand in Hand im weißen Sand entlangspazierten …

Das Vorstellungsgespräch bei den Sargents erschien ihr wie die Erfüllung eines Traumes. Jessica konnte kaum abwarten, daß alles abgemacht war und sie und Elizabeth sicher sein konnten, daß sie ihre Jobs hatten!

»Liz, du glaubst gar nicht, wie wunderbar dieser Sommer sein wird!« rief Jessica aufgedreht, als sie bei ihrer Schwester ins Zimmer platzte.

Elizabeth blickte von ihrem Tagebuch hoch und schüttelte den Kopf. »Ich habe so eine Ahnung, daß ich schon bald davon überzeugt werden werde.«

»Mrs. Norman war ganz begeistert von der Idee, Zwillinge bei *Nannies and Company* zu haben.« Übermütig ließ sich Jessica auf Elizabeths Bett fallen. »Und sie hat zwei freie Jobs in Malibu, Liz! Und beide scheinen einfach super zu sein!«

Elizabeth schrieb noch ein letztes Wort und klappte dann ihr Tagebuch zu. »Du meinst, sie hat wirklich zwei Jobs in Malibu?« Sie war ehrlich überrascht.

Jessica lachte vor lauter Freude. »Das hättest du nicht gedacht, daß es so gut laufen würde, stimmt's?

Aber, Liz, es ist ja alles so einfach! Wir brauchen bloß die Leute anzurufen und Vorstellungstermine für dieses Wochenende auszumachen. Und das ist schon alles! Wir fahren nach Malibu, halten ein kleines Schwätzchen, und schon haben wir unsere Jobs in der Tasche! Ach ja – da ist noch eine Kleinigkeit. Mrs. Norman möchte dich persönlich kennenlernen«, fügte sie schnell hinzu. »Aber das ist eine reine Formsache.«

»Das klingt ja wirklich ganz harmlos«, stimmte Elizabeth nachdenklich zu. »Was sind es denn für Familien? Hast du etwas über die Kinder erfahren können?«

Jessica überlegte schnell. Tony Sargent zu erwähnen hielt sie für überflüssig. Schließlich hatte Elizabeth heute morgen seinen Namen zum ersten Mal in ihrem Leben gehört. Was konnte es Liz dann interessieren, daß sie, Jessica, sich die Familie herausgepickt hatte, die zufällig mit ihm verwandt war?

Es hatte auch keinen Sinn, Elizabeth im voraus wegen Taryn zu beunruhigen. Es war doch viel besser, wenn ihre Zwillingsschwester ganz unvoreingenommen nach Malibu ging!

Jessica beschloß, die Wahrheit ein bißchen zu beschönigen, um zu vermeiden, daß Elizabeth vielleicht doch noch ihre Meinung änderte. »Na ja«, sagte sie, »dein Job scheint wirklich angenehm zu sein. Es ist ein kleines Mädchen, das schon alt genug ist, sich selbst zu beschäftigen.«

»Wie alt ist sie denn?« fragte Elizabeth skeptisch.

»Sechs oder sieben.« Jessica machte eine vage

Geste. »Hier ist deine Informationskarte. Du brauchst bloß Mrs. Bennet anzurufen und mit ihr einen Termin zu vereinbaren.«

»Und deine Familie?« Mißtrauisch betrachtete Elizabeth ihre Zwillingsschwester.

Jessica blinzelte. »Äh – ja, weißt du, ich habe den Job genommen, der nach mehr Arbeit klingt, weil du so lieb bist, überhaupt mitzukommen«, schwindelte sie.

Elizabeth zog die Augenbrauen hoch. »Warum? Was ist denn mit deiner Familie?«

»Oh, sie haben einen kleinen Sohn, ein Baby«, antwortete Jessica schnell. »Mrs. Norman hat gesagt, er kann einen ganz schön auf Trab halten, aber das macht mir nichts aus – ehrlich, Liz. Mir ist es nur wichtig, den Sommer über in Malibu sein zu können – und dich ganz in meiner Nähe zu haben.«

Elizabeth betrachtete die Karte, die Jessica ihr gegeben hatte. »Das ist aber wirklich nett von dir«, meinte sie schließlich. »Aber bist du dir auch ganz sicher, Jessie? Ich würde auch gern das Baby nehmen, wenn du meinst, daß es soviel Arbeit macht.«

»Nein.« Jessica war entsetzt. »Ich meine, das ist ehrlich lieb von dir, Liz, aber ich finde wirklich, daß ich den schwereren Job nehmen sollte. Das ist nur fair.«

Elizabeth zuckte mit den Schultern. »Na gut, wenn du es so willst.«

»Also, sobald du mit Mrs. Norman gesprochen hast, sollten wir anrufen und für Samstagnachmittag Termine ausmachen. Dann fahren wir morgens hin, essen zu Mittag, und dann ...« Mit einemmal wich alle Farbe aus Jessicas Gesicht. »Ach, du liebe Güte«, rief sie und schlug sich die Hand vor den Mund.

»Was ist denn?« erkundigte sich Elizabeth besorgt. »Was ist los? Du siehst ja aus, als wäre dir ein Gespenst erschienen!«

»Mir ist gerade etwas eingefallen! Ich muß dieses Wochenende zum Cheerleading-Camp! Am Freitag fahren wir nach Timber Falls.«

Elizabeth starrte sie an. »Kannst du denn nicht einfach wegbleiben?«

Jessica schüttelte verzweifelt den Kopf. »Ich bin doch Co-Captain«, erinnerte sie ihre Schwester. »Sandra und ich sollen alle möglichen neuen Übungen mit der Mannschaft trainieren. Ich kann mich unmöglich davor drücken! Liz, damit ist unser ganzer Sommer im Eimer!«

Jessica wirkte plötzlich wie ein Häufchen Elend. »Vielleicht können wir nächstes Wochenende nach Malibu fahren«, schlug Elizabeth hoffnungsvoll vor und legte ihrer Schwester tröstend die Hand auf den Arm.

Jessica schüttelte den Kopf. »Mrs. Norman hat gesagt, wir müßten uns dieses Wochenende darum kümmern. Sonst vergibt sie die Jobs an jemand anderen. Ach, Liz, ich kann es einfach nicht glauben.« Sie schien den Tränen nahe zu sein. »Was für ein Pech ...«

»Das ist wirklich Pech«, stimmte Elizabeth zu. »Aber anscheinend können wir wirklich nichts daran ändern.«

»Na ja, ich hätte da schon eine Idee.« In Jessicas Augen zeigte sich ein Hoffnungsschimmer, und dann sah sie ihre Schwester gespannt an.

»Ich kann mir nicht vorstellen, was für eine«, sagte Elizabeth und nahm wieder ihr Tagebuch auf. »Jessie, hör doch auf, mich so anzustarren!«

»Liz«, schmeichelte Jessica, »könntest du nicht – nur dieses eine Mal – am Samstag nach Malibu fahren und für uns beide die Vorstellungsgespräche führen?«

»Nein«, antwortete Elizabeth entschieden. »Das könnte ich nicht.«

»Warum?« jammerte Jessica völlig verzweifelt. »Liz, es ist die einzige Möglichkeit! Du kannst unmöglich nein sagen!«

»Und ob ich das kann«, erwiderte Elizabeth, wobei sie vorgab, einen Eintrag in ihrem Tagebuch nachzuschlagen. »Das kommt überhaupt nicht in Frage, Jessie.«

»Ach, komm schon«, bettelte Jessica. »Bitte, Liz! Eine so große Sache ist es doch gar nicht! Du müßtest nur ...«

»Hör mal«, unterbrach Elizabeth ihre Schwester und wandte sich ihr zu, »du weißt genau, daß ich von Anfang an nicht so wild auf diese Idee war, und du hast gesagt, daß du dich um alles kümmern wolltest, weißt du noch? Ich habe absolut keine Lust, diesen Sommer wieder mal alle Arbeit am Hals zu haben, während du dich prächtig amüsierst. Und das ist mein letztes Wort!«

Jessica schwieg eine Weile, und ihre Unterlippe zitterte. »Na gut«, flüsterte sie schließlich, und eine Träne rann ihr über die Wange. »So schrecklich habe ich mich nun auch wieder nicht darauf gefreut. Es wird sich schon noch etwas anderes für den Sommer finden.«

Elizabeth sagte nichts, aber Jessica spürte deutlich, daß ihre Schwester schwankte.

»Trotzdem, vielen Dank, Liz«, sagte sie leise. »Du hast dich wirklich super verhalten. Ganz im Ernst.«

»Das halte ich nicht aus!« rief Elizabeth entnervt und warf ihr Tagebuch mit einem Knall an die Wand. »Ich geb's auf. Aber du mußt anrufen und die Termine vereinbaren. Und sieh gefälligst zu, daß ich genügend Zeit habe, um von einer Adresse zur anderen zu kommen!«

»Liz, du bist die allerbeste Schwester auf der ganzen Welt!«

»Wie heißen sie eigentlich?« fragte Elizabeth.

»Deine Leute heißen Bennet«, antwortete Jessica.

»Das weiß ich selber. Es steht auf der Karte«, sagte Elizabeth. »Ich hatte deine Familie gemeint.«

»Oh ... Ich glaube, sie heißen Sargent«, sagte Jessica nachlässig.

»Sargent? Wie Tony Sargent – der Musiker, von dem du erzählt hast?«

Jessica wurde rot. Typisch Elizabeth, sich ausgerechnet an so etwas zu erinnern. »Ja«, gab sie zu. »Aber das ist reiner Zufall«, fügte sie hastig hinzu. »Es ist ein weit verbreiteter Name.«

Sie sah nicht ein, zu welchem Zweck sie Elizabeth erzählen sollte, daß Tony ein Cousin der Sargents war. Es war schon riskant genug, Elizabeth dieses Wochenende ganz allein nach Malibu zu schicken! Jessica hatte keine Vorstellung, wie Elizabeth reagieren würde, wenn sie den Unterschied zwischen dem süßen kleinen Sam und der biestigen Taryn entdeckte.

Was das anging, konnte Jessica nur die Finger kreuzen, abwarten und das Beste hoffen.

3

»Du liebe Güte!« flüsterte Elizabeth beim Anblick des imposanten weißen Hauses. Sie überprüfte noch einmal die Wegbeschreibung, die neben ihr auf dem Beifahrersitz lag, ob ihr auch kein Fehler unterlaufen war. Aber die Adresse stimmte. 400 Ocean Avenue. Das Haus der Bennets. Während des kurzen Gesprächs in der Agentur hatte Mrs. Norman keine Andeutung gemacht, daß die Bennets in einer so prachtvollen Villa lebten.

Elizabeth bog mit dem Fiat in die gewundene Einfahrt ein. Obwohl Malibu nur anderthalb Fahrtstunden von Sweet Valley entfernt lag, war Elizabeth noch nie dort gewesen, und sie mußte zugeben, daß es genauso eindrucksvoll war, wie Jessica behauptet hatte. Die mächtigen, zerklüfteten Berge Südkaliforniens fielen steil zum Ozean ab, und oberhalb der strahlend weißen Strände war ein herrliches Strandhaus nach dem anderen, die alle so wirkten, als seien sie aus dem Fels gehauen.

Den Bennets gehörte eins der schönsten Häuser in dieser ohnehin exklusiven Gegend. Noch nie hatte Elizabeth eine solche Villa gesehen, außer vielleicht im Film. Das Haus war riesig. Mit seiner weißen Stuckfassade, die im Sonnenlicht strahlte, und seinem leuchtendroten Ziegeldach sah es wie eine Mittelmeer-Villa aus.

Elizabeth stellte das Auto hinter einem auf Hochglanz polierten weißen Jaguar ab und holte erst einmal tief Luft. Das Haus befand sich direkt am Strand; der tiefblaue Pazifik lag glitzernd vor ihr. Stell dir nur vor, den Strand gleich vor der Haustür zu haben! dachte sie. Sie ging zur Eingangstür und zögerte einen Moment, bevor sie klingelte. Die Tür wurde geöffnet, und eine Frau von offenbar mexikanischer Abstammung blickte Elizabeth fragend an.

»Ich bin Elizabeth Wakefield«, stellte sich Elizabeth höflich vor. »Ich bin mit Mrs. Bennet verabredet. Ich möchte mich bei ihr als Kindermädchen für diesen Sommer vorstellen.«

»Ah!« Die Frau warf die Hände hoch. »Kommen Sie herein, kommen Sie herein«, drängte sie herzlich. »Leider ist Mrs. Bennet nicht zu Hause. Möglicherweise hat sie die Verabredung mit Ihnen vergessen.«

»Aber ich bin den ganzen Weg von Sweet Valley hierher gekommen«, antwortete Elizabeth enttäuscht. »Wie konnte sie – ich meine, warum ...«

»Keine Sorge.« Die Frau lächelte. »Kommen Sie ruhig herein«, wiederholte sie und führte Elizabeth durch einen langen Gang in einen riesigen Raum mit einer Decke so hoch wie in einer Kirche. Durch die Fenster hatte man einen herrlichen Ausblick auf das Meer. »Ich bin Maria, und ich bin bei den Bennets angestellt«, erklärte sie mit leichtem Akzent. »Sie haben immer sehr, sehr viel zu tun. Aber das macht nichts. Ich kann das Vorstellungsgespräch mit Ihnen für Mrs. Bennet führen, denn ich verbringe sehr viel Zeit mit Taryn.«

Elizabeth wußte nicht, was sie davon halten sollte. Sie setzte sich in den weißen Ledersessel, auf den Maria wies. Es fiel ihr schwer, sich vorzustellen, was Mrs. Bennet davon abgehalten haben mochte, diesen Termin einzuhalten. Was konnte ihr mehr am Herzen liegen als das Wohl ihrer kleinen Tochter?

Aber Maria zerstreute ihre Bedenken schnell. Sie war ungefähr Mitte zwanzig, und ihr erfrischender Sinn für Humor machte es Elizabeth leicht, sich schnell wohler in ihrer Haut zu fühlen. Schon bald tauschten sie und Maria Anekdoten aus Sweet Valley aus. Ein Cousin von Maria arbeitete dort, und sie war schon mehrmals in der Stadt zu Besuch gewesen.

»Sie scheinen genau die richtige für diesen Job zu sein«, stellte Maria schließlich fest und lächelte Elizabeth an. »Aber Sie sollten vielleicht wissen ...« Sie runzelte die Stirn und blickte verlegen weg. »Dies ist ein merkwürdiger Haushalt. Oder eher ein unglücklicher Haushalt. Mrs. Bennet ist nur sehr selten zu Hause. Sie werden merken, daß Sie die meiste Zeit mit Taryn allein sein werden.«

Elizabeth schluckte. Unwillkürlich beschlich sie wieder ein merkwürdiges Gefühl. »Kann ich Taryn vielleicht sehen? Ich würde ihr gern guten Tag sagen.«

»Aber natürlich. Sie ist oben in ihrem Zimmer. Zuerst zeige ich Ihnen das Haus, und dann können Sie sie kennenlernen.«

Maria blickte Elizabeth fest an. »Ich möchte nicht, daß Sie den Job ablehnen. Sie scheinen mir ein sehr nettes Mädchen zu sein, und ich bin sicher, daß Sie für den Job genau richtig sind. Aber Taryn könnte anfangs ein wenig schwierig sein. Sie ist sehr schüchtern, denn sie ist viel allein, und manchmal ...« Sie ließ den Satz unvollendet.

Was für ein merkwürdiger Ort! dachte Elizabeth. Sie konnte nicht verstehen, daß Mrs. Bennet ihre kleine Tochter so oft alleinließ. Sehr viel Familiensinn schienen die Bennets jedenfalls nicht zu haben, und eine Musterehe führten sie wohl auch nicht.

»Kommen Sie.« Maria stand auf und lächelte. »Ich zeige Ihnen kurz das Haus.«

Während der nächsten zwanzig Minuten folgte Elizabeth Maria von Zimmer zu Zimmer. Es war ein außergewöhnliches Haus. Die Decken waren sehr hoch, und riesige Fenster gaben den Blick auf den Pazifik frei. Es war ein atemberaubender Ausblick. Architektur und Einrichtung des Hauses waren sehr modern.

Elizabeth dachte an ihre Mutter, die Innenarchitektin war und der es sicherlich viel Spaß gemacht hätte, dieses Haus zu besichtigen. Es war um einen Innenhof herum gebaut, wo sich ein Swimming-pool und eine komplette Außenbar befanden. Außerdem gab es einen Tennisplatz und eine Fitneßhalle.

Es war ein schönes Haus, aber etwas daran ließ es Elizabeth kalt und unpersönlich erscheinen. Sie konnte sich nicht vorstellen, als Kind darin zu leben. Wo die kleine Taryn wohl spielte?

»Und das hier«, erklärte Maria, indem sie die Tür zu einem langen Korridor öffnete, »ist Taryns Flügel.« Elizabeths Augen wurden immer größer, als sie an einem Spielzimmer und einem Fernsehraum vorbeikamen, um schließlich in ein riesiges Schlafzimmer zu gelangen, das mit Spielsachen und Puppen jeder Art und jeder Größe überladen war. In einer Ecke stand ein kleines Mädchen ganz verloren mit einem Puppenwagen.

»Taryn«, sagte Maria behutsam, »ich möchte dir jemanden vorstellen.«

»Keine Lust«, erwiderte Taryn mürrisch und sah weg.

Elizabeth warf Maria einen kurzen, fragenden Blick zu, und Maria nickte. »Hi, Taryn«, begann Elizabeth. Dann durchquerte sie das Zimmer und ließ sich neben dem Kind auf die Knie nieder. »Wie heißt denn die Puppe, die du in deinem Wagen hast?«

Taryn sah sie feindselig an. »Sie hat keinen Namen«, verkündete sie und riß die Puppe aus dem Wagen.

Elizabeth holte tief Luft. »Also, ich heiße Elizabeth«, sagte sie freundlich. »Ich werde den Sommer über hierbleiben. Ich will dabei helfen, für dich zu sorgen.«

»Ich brauche keinen, der für mich sorgt«, entgegnete Taryn, und ihre großen veilchenblauen Augen füllten sich mit Tränen. »Geh weg. Meine Puppe und ich wollen lieber allein sein.«

»Habe ich vielleicht etwas Falsches gesagt?« fragte Elizabeth leise, als sie mit Maria hinausging.

Maria schüttelte den Kopf. »Nein, so ist sie einfach.« Sie richtete ihre ernsten braunen Augen auf Elizabeth. »Meinen Sie denn, daß Ihnen dieser Job gefallen wird, jetzt, nachdem Sie Taryn kennengelernt haben? Ein paar Bewerberinnen haben schon abgelehnt.«

Elizabeth schluckte. »Ja«, meinte sie endlich. »Ich glaube, ja – wenn Sie mir zutrauen, daß ich mit ihr zurechtkomme.«

Maria seufzte. »Das arme Ding. Immer ist sie allein. Ich glaube wirklich, daß Sie ihr sehr viel geben könnten. Ich werde Mrs. Bennet sagen, daß ich Sie für die ideale Bewerberin halte.«

Elizabeth war nicht sicher, was sie darauf antworten sollte. Taryn tat ihr unwahrscheinlich leid, aber irgendwie machte ihr die Aufgabe auch Angst. Sie wußte nur, daß sie dem kleinen Mädchen gern helfen wollte. Das würde sicherlich nicht leicht werden, aber sie war fest entschlossen, es wenigstens zu versuchen.

Eine halbe Stunde später hielt Elizabeth vor einem kleinen Ranchhaus, das ein paar Blocks vom Strand entfernt lag. Sie schüttelte den Kopf und lächelte. »Jessie hat mir tatsächlich keinen Quatsch erzählt«, sagte sie zu sich selbst. »Sie hat mir wirklich und wahrhaftig den besseren Job überlassen.« Das Haus der Sargents war in jeder Hinsicht durchschnittlich, und verglichen mit der Villa der Bennets war es so groß wie eine Hundehütte! Elizabeth hätte am liebsten losgekichert, als sie auf die Haustür zuging. Dann ermahnte sie sich, daß sie als Jessica auftrat und sich tadellos benehmen mußte, damit ihre Schwester den Job bekam.

Elizabeth hätte sich gar keine Sorgen zu machen brauchen, denn Lucy und Josh Sargent gehörten zu den nettesten, umgänglichsten Leuten, die sie je kennengelernt hatte. Lucy war Ende Zwanzig und Josh etwa dreißig, aber beide wirkten wesentlich jünger. Lucy hatte rote Haare und trug Jeans und ein T-Shirt mit der Aufschrift »UCLA«, während Josh in Turnhosen herumlief. Ständig schienen sich die beiden gegenseitig im Wege zu stehen.

»Dieses Haus ist einfach zu klein«, sagte Lucy und tat so, als raufte sie sich das Haar.

Sie hatte ganz recht – es war tatsächlich zu klein. Das Elternschlafzimmer stand voller Kartons – Bücherkisten, wie die beiden erklärten, die sie aber nicht auspacken konnten, weil kein Platz für die Bücher da war. Das Kinderzimmer war winzig. Zwischen Sams Möbel war noch ein Klappbett hineingequetscht worden. »Hoffentlich macht es dir nichts aus, das Zimmer mit Sam zu teilen«, meinte Lucy und lächelte das Baby an, das sie auf dem Arm trug. »Wir haben zwar ein kleines Gästezimmer, aber im Moment ist es voller Krempel. Außerdem ist es auf der anderen Seite. Du könntest Sammy nicht hören, wenn er weint.«

»Es macht mir überhaupt nichts aus«, versicherte Elizabeth. Sie blickte sich in dem überfüllten Kinderzimmer um und unterdrückte ein Lächeln. »Das ist schon in Ordnung.« Sie fragte sich, wo Jessica ihre ganzen Kleider unterbringen wollte, ganz zu schweigen von ihren Schminksachen und ihrem Schmuck. Es würde reichlich knapp werden.

Andererseits gefiel ihr sehr, wie liebevoll und natürlich Lucy und Josh sowohl miteinander als auch mit ihrem neugeborenen Söhnchen umgingen. Diese Familie mochte zwar bescheiden leben, aber die Atmosphäre war voller Wärme und Zuneigung. Lucy bestand darauf, daß Elizabeth ein Glas Eistee annahm. Während sie in der Küche das Tablett zusammenstellte, hielt Elizabeth den kleinen Sam auf dem Schoß und unterhielt sich mit Josh. Es stellte sich heraus, daß er freischaffender Schriftsteller war.

»Wirklich?« rief Elizabeth begeistert. »Ich – ich meine, meine Schwester Elizabeth schreibt auch sehr gern«, verbesserte sie sich schnell. »Vielleicht könnte sie Sie im Sommer mal besuchen und mit Ihnen über Ihren Beruf sprechen.«

»Gern«, erwiderte Josh mit seiner dröhnenden Stimme. Er beugte sich vor, um Sam zu kitzeln. Als Lucy aus der Küche kam, erklärten sie und ihr Mann die Aufgaben, die im Sommer auf Jessica warteten. Elizabeth hatte den Eindruck, daß es nicht wenige waren. Sie brauchten tatkräftige Hilfe, das war klar. Lucy war Malerin, und sie hatte vor, ein paar Kurse zu besuchen. Jessica würde für ihr Geld wirklich arbeiten müssen.

Kein Zweifel, dachte Elizabeth, daß Jessica diesmal ungewöhnlich selbstlos war. Möglicherweise würde es mehr Spaß machen, bei den Sargents zu wohnen als bei den Bennets, aber mit Sicherheit würde es auch viel anstrengender werden!

Elizabeth war ehrlich überrascht, daß Jessica bereit war, sie in solchem Luxus leben zu lassen, in einem eigenen Flügel der Bennetschen Villa, und selbst in Kauf nahm, in einem winzigen Haus, das relativ weit vom Strand entfernt lag, täglich Windeln zu wechseln und hart zu arbeiten.

Ein weiterer Beweis, daß ich sie falsch eingeschätzt habe, sagte sich Elizabeth. Offenbar ist Jessica viel großzügiger, als ich ihr zugetraut hätte.

Sie konnte kaum erwarten, wieder nach Hause zu kommen, um ihrer Schwester zu erzählen, daß sie es geschafft hatten. Auf beide wartete ein Job und – allem Anschein nach – ein hochinteressanter Sommer!

4

»Ich weiß gar nicht, wie ich es hier den ganzen Sommer ohne dich aushalten soll«, meinte Enid Rollins und sah Elizabeth bekümmert dabei zu, wie sie zwischen ihrem Schrank, dem offenen Koffer und ihrer Kommode hin und her pendelte.

»Du wirst mich auch sehr fehlen«, versicherte Elizabeth ihr. Sie schüttelte den Kopf, daß ihr blonder Pferdeschwanz hin- und herwippte. »Ehrlich gesagt, weiß ich nicht einmal so genau, wie Jessica es geschafft hat, mich dazu zu überreden.«

»Versprichst du, daß du mir schreibst? Ich möchte jede Einzelheit erfahren.«

Elizabeth lächelte. »Natürlich!« erwiderte sie. »Aber du mußt mich auch auf dem Laufenden halten! So weit ist Malibu ja auch nicht entfernt. Bestimmt können wir ab und zu telefonieren. Und vielleicht kannst du sogar mal zu Besuch kommen. Meine Eltern wollten am 4. Juli, dem Unabhängigkeitstag, dorthin kommen. Du könntest bei ihnen mitfahren!«

Enid schüttelte den Kopf. »Ich glaube kaum, Liz. Jedenfalls nicht, wenn ich arbeiten gehe, wie ich es Mom versprochen habe.«

Stirnrunzelnd betrachtete Elizabeth den Bikini, den sie in der Hand hielt. »Wer weiß, ob ich soviel Freizeit haben werde, um ihn öfter mal zu tragen«, überlegte sie laut. »Weißt du, Enid, Taryn kam mir wirklich ein bißchen merkwürdig vor. Ich hoffe nur, daß ich mit ihr klarkommen werde.«

»Bestimmt besser als jeder andere«, meinte Enid überzeugt.

In dem Moment flog ihre Zimmertür auf, und Jessica steckte den Kopf herein. »Liz, bist du denn immer noch nicht fertig?« rief sie. »Ich warte schon seit Ewigkeiten unten auf dich!«

»Ich brauche nicht mehr lange«, versicherte Elizabeth ihr. Sie lächelte hinterlistig. »Hoffentlich hast du nicht zuviel eingepackt, Jessie. Denk dran, wie eng es bei den Sargents ist.«

Jessica sah sie giftig an. »So schlimm kann es auch wieder nicht sein«, antwortete sie dann. »Hör mal, ich warte unten. Beeil dich.«

»Was soll das heißen?« fragte Enid, als Jessica wieder fort war.

Elizabeth grinste. »Jessica will mir einfach nicht glauben, daß das Haus, in dem sie arbeiten wird, echt winzig ist. Sie denkt, ich erzähle ihr das nur aus Blödsinn, um sie zu ärgern.«

Enid lachte. »Ich wünschte, ich könnte ihr Gesicht sehen, wenn sie dort zur Tür hineingeht. Hast du nicht erzählt, daß sie mit dem Baby in einem Zimmer schlafen muß?«

Elizabeth nickte. Sie packte noch ihr Schminktäschchen und eine Haarbürste in ihren Koffer, dann schloß sie ihn. »Ich glaube, jetzt habe ich alles. Am besten gehe ich jetzt schnell hinunter, um mich von meinen Eltern und Steven zu verabschieden. Jessica überlegt bestimmt schon, ob sie nicht einfach ohne mich abfahren soll.«

»Wie wollt ihr euch dann diesen Sommer mit eurem Auto einigen?« Enid nahm eine von Elizabeths Taschen und folgte ihrer Freundin die Treppe hinab.

»Ich glaube, ich überlasse Jessica das Auto.« Elizabeth grinste. »Sie will nämlich auch nicht glauben, daß die Sargents sechs Blocks vom Strand entfernt wohnen. Wenn sie sieht, daß ich ihr keinen Quatsch erzählt habe, wird sie das Auto bestimmt haben wollen. Außerdem haben die Bennets garantiert mehr Autos als genug.«

»Es wird auch langsam Zeit«, bemerkte Jessica, als sie Elizabeth erblickte. »Ich habe Lillian versprochen, sie bei den Jonsons anzurufen, sobald wir in Malibu angekommen sind, damit wir zusammen in der Stadt einen Hamburger essen gehen können.« Sie schaute böse drein. Lillian war schon ein paar Tage eher als die Zwillinge abgefahren. »Aber wenn wir uns nicht bald auf den Weg machen, können wir uns statt dessen mit ihr morgen zum Frühstück verabreden.«

»Schon gut, schon gut«, sagte Elizabeth und lächelte ihre Schwester an. Sie öffnete die Haustür und brachte ihr Gepäck zum Fiat hinaus. »Wo sind denn Mom und Dad? Und Steven?« rief sie über die Schulter zurück.

»Sie sind hinten auf der Terrasse. Soll ich ihnen sagen, daß wir jetzt fahren?«

»Na klar«, erwiderte Elizabeth und lachte. An Enid gewandt, fügte sie leise hinzu: »Ich habe noch nie erlebt, daß Jessica so scharf darauf war, irgendwohin zu kommen.«

Kurz darauf kamen Mr. und Mrs. Wakefield zur Einfahrt und überhäuften die Mädchen mit letzten guten Ratschlägen und Ermahnungen. »Hast du auch bestimmt die Reifen überprüfen lassen, Schatz?« fragte Mr. Wakefield, während er besorgt den Fiat umrundete.

»Ja, Daddy.« Ungeduldig wippte Jessica mit dem Fuß.

Elizabeth umarmte ihren Vater. Er war dunkelhaarig, hatte eine sportliche Figur und wirkte wie die ältere Ausgabe von Steven, dem Bruder der Zwillinge. Steven war mit seinen Eltern herausgekommen, um sich auch von seinen Schwestern zu verabschieden.

»Ihr zwei werdet mir fehlen«, meinte Steven und zauste den Zwillingen das Haar. »Über wen soll ich mich denn den ganzen Sommer ärgern, wenn ihr beide so weit weg seid?«

Jessica kicherte. »Es wird sich schon jemand finden«, beruhigte sie ihn.

»Versprecht ihr, heute abend anzurufen und Bescheid zu sagen, daß ihr gut angekommen seid?« fragte Mrs. Wakefield.

Sie strich sich ihr blondes Haar aus dem Gesicht, und Elizabeth betrachtete voller Zärtlichkeit das feine, glatte Gesicht ihrer Mutter mit den sanften blauen Augen. Ihr wurde klar, daß sie ihre Familie diesen Sommer sehr vermissen würde. Zwar wollten ihre Eltern am Vierten Juli zu Besuch kommen, aber bis dahin schien es auf einmal noch sehr lange hin zu sein. Jessica ging es offenbar nicht anders. Nacheinander fiel sie ihrem Vater, ihrer Mutter und dann Steven um den Hals.

»Was soll das?« brummte Steven und tat so, als wollte er Jessica von sich schieben. Dann zog er sie wieder an sich und nahm sie ganz fest in die Arme. »Wenn irgend so ein Kerl in Malibu hinter dir her ist und dich belästigt, weißt du ja, an wen du dich wenden mußt.«

Elizabeth zwinkerte Enid zu. »Und an wen soll Jessie sich wenden, wenn *niemand* hinter ihr her ist?« fragte sie.

Jessica versetzte ihr einen gutmütigen Schubs, und alle lachten.

Endlich saßen die Mädchen startbereit im Fiat. »Und vergiß nicht, meine Blumen zu gießen«, erinnerte Elizabeth ihren Bruder, als Jessica den Motor anließ. Während sie von der Einfahrt auf die Straße einbogen, winkten sie noch mal, doch kaum war ihre Familie außer Sicht, da seufzte Jessica erleichtert auf.

Elizabeth hatte den Eindruck, daß ihre Schwester es nicht mehr erwarten konnte, endlich ihren Sommer in Malibu zu starten!

»Du hast mir nicht geglaubt, stimmt's?« fragte Elizabeth. Sie parkten vor dem Haus der Bennets, und Jessica starrte mit offenem Mund auf die riesige Villa.

»Das ist ja ein unglaubliches Haus.« Überwältigt schüttelte Jessie den Kopf. »Ich kann es kaum fassen!«

»Tja, ich hab's dir ja erzählt«, erinnerte Elizabeth

sie. Plötzlich fiel ihr etwas ein. Wenn Jessica wirklich nichts davon gewußt hatte, wie unterschiedlich die Bennets und die Sargents lebten, konnte sie auch kaum mit Absicht Elizabeth den »besseren« Job überlassen haben. Vielleicht hatte Elizabeth zu voreilig an Jessicas gute Absichten geglaubt, denn es sah ganz danach aus, als hätte sie rein zufällig die angenehmere Umgebung erwischt.

Jessica schluckte. Sie versuchte, ihrer Stimme einen fröhlichen Klang zu geben. »Natürlich hat mir Mrs. Norman erzählt, daß die Bennets ein tolles Haus haben. Deswegen wollte ich ja auch, daß du hier arbeitest, weil du so lieb warst, mit mir nach Malibu zu kommen.«

Elizabeth nahm ihre Koffer aus dem Wagen. »Also, vielen Dank fürs Herbringen.« Kopfschüttelnd betrachtete sie das gewaltige Haus. »Ein bißchen Bammel habe ich schon«, gab sie zu. »Um wieviel Uhr wolltest du mich zum Essen abholen, Jessie? Hast du mit Lillian eine Zeit ausgemacht?«

»Um halb sieben.« Wie betäubt saß Jessica da, die Hände locker auf dem Steuerrad. »Hast du die Telefonnummer der Sargents, falls du mich erreichen willst?«

»Ja.« Elizabeth nahm in jede Hand ein Gepäckstück und lächelte ihre Schwester spöttisch an. »Ich war doch an deiner Stelle dort, weißt du das nicht mehr?«

»Na ja, dann bis später.« Jessica sah ihrer Schwester nach, wie sie über den Steinweg zur Eingangstür ging, wo sie von einer dunkelhaarigen Frau in Empfang genommen wurde. Elizabeth verschwand mitsamt ihrem Gepäck im Innern des Hauses, und Jessica fuhr wieder los.

Über die Villa der Bennets kam sie einfach nicht hinweg. Was für ein Palast! Also hatte Elizabeth keinen Quatsch gemacht, als sie ihr von der Fitneßhalle und dem Tennisplatz und dem ganzen Drum und Dran erzählt hatte. Aber das hieß natürlich auch, daß das Haus der Sargents garantiert so klein war, wie es Elizabeth beschrieben hatte.

Jessicas Laune sank. Sie war überhaupt nicht auf die Idee gekommen, Mrs. Norman zu fragen, wo die Häuser lagen oder wie groß sie waren. Nach allem, was Lillian erzählt hatte, war Jessica davon ausgegangen, daß alle Leute in Malibu Villen am Meer besaßen. Lillians Haus war offenbar auch sehr schön, und Elizabeths ...

Jessica fuhr zu der Adresse, die auf ihrer Agenturkarte stand. Als sie vor dem Haus hielt, bestätigten sich ihre schlimmsten Befürchtungen. »Das darf doch nicht wahr sein«, flüsterte sie bestürzt beim Anblick des winzigen Häuschens. Wie lächerlich klein es war!

Sie riß sich zusammen, holte tief Luft und stieg aus dem Fiat, wobei sie sich eine ihrer Taschen über die Schulter hängte. Elizabeth hatte nicht übertrieben, als sie sie davor gewarnt hatte, zuviel mitzunehmen. Hätte sie doch nur auf ihre Schwester gehört! Sie hatte vier Koffer dabei, und so, wie das Haus aussah, würde sie darin wahrscheinlich gerade Platz für ihre Handtasche finden.

Mit zusammengebissenen Zähnen marschierte Jessica zur Haustür. Sie drückte auf die Klingel und hängte die Tasche über die andere Schulter. Gerade, als sie zum zweitenmal klingelte, wurde die Tür geöffnet, und ein junger Mann in Jeans und abgeschnittenem Sweatshirt grinste sie an.

»Jessica!« rief er. »Komm 'rein!«

Jessica blinzelte. Für einen Augenblick hatte sie ganz vergessen, daß sie die Sargents ja angeblich schon kennengelernt hatte. »Äh – hi, Josh«, antwortete sie, in der Hoffnung, daß sie seinen Namen nicht falsch verstanden hatte.

»Lucy zieht Sam gerade um«, erklärte Josh und nahm ihr die Tasche ab. »Ist das dein ganzes Gepäck?«

»Nein ... ich habe schon noch ein paar Sachen mehr mitgebracht«, sagte Jessica und blickte sich kläglich in dem chaotischen Flur um.

»Ich bringe deine Tasche in Sams Zimmer. Setz dich doch und mach es dir bequem, während ich deine restlichen Sachen hereinhole.«

Bevor Jessica darauf antworten konnte, trat Lucy mit dem frisch gewickelten Sam auf dem Arm aus einem kleinen Zimmer am Ende des Flurs. »Hi, Jessie!« Sie streckte den Arm aus, um Jessica die Hand zu schütteln. Das Telefon läutete, und Lucy nahm das Baby auf den anderen Arm, während sie sich umsah. »Wo ist denn Josh?« fragte sie.

»Er ist draußen, um mein Gepäck hereinzuholen«, antwortete Jessica, und sie konnte ihren Blick einfach nicht von Sam lösen. Wie winzig er noch war! Sie hatte gar nicht gewußt, daß ein drei Monate altes Baby so klein war.

»Hier, Jessie. Kannst du bitte Sam halten, während ich ans Telefon gehe?« Lucy gab das zappelige kleine Kerlchen an Jessica weiter, die schluckte und das Baby dann unbeholfen auf den Arm nahm.

»Hi, Sammy«, sagte sie zaghaft. Sam trat mit einem seiner kleinen Beinchen so fest zu, wie er konnte und traf Jessica mitten in die Magengrube. Ihr blieb die Luft weg. Im nächsten Augenblick ließ Sam ein unglaubliches Schreien ertönen, und sein kleines Gesicht verzerrte sich, als hätte er furchtbare Schmerzen. Jessica stand da wie erstarrt und hatte keine Ahnung, was sie tun sollte.

»Meine Güte, hast du ein Zeug dabei«, rief Josh, als er unter der Last von Jessicas Gepäck zur Tür hereinkeuchte. »Hoffentlich finden wir in Sams Zimmer auch noch Platz für dich, wenn wir den ganzen Kram dort untergebracht haben!«

Jessica war total am Boden zerstört. Sam schrie aus voller Lunge, und ihr fiel nichts Besseres ein, als ihn im Arm zu halten und ihm den winzigen Rücken zu streicheln. »Hör doch bitte auf«, flüsterte sie ihm verzweifelt zu.

Sie konnte kaum glauben, daß sie wirklich mit dieser kleinen Sirene zusammen in einem Zimmer schlafen sollte. Was sollte sie bloß tun, wenn das Baby die ganze Nacht so brüllte? So hatte sie sich ihren Job wirklich nicht vorgestellt.

»Du liebe Zeit«, meinte Lucy, als sie ins Wohnzimmer zurückkam. Sie nahm Jessica das Baby ab. »Böser Junge«, schimpfte sie zärtlich und überhäufte ihn mit Küssen. »Böser kleiner Sambo.«

Jessica war elend zumute. Sam hörte nicht auf zu brüllen, und das Haus erschien ihr plötzlich erdrükkend klein.

Aber einen Hoffnungsschimmer hatte sie ja noch: Daß irgendwann Tony kam. Zwar konnte sie sich einen Star wie ihn kaum zu Besuch in einem solchen Haus vorstellen, aber trotzdem … schließlich waren es ja seine Verwandten.

»Komm, ich zeige dir noch mal das Kinderzimmer«, schrie Josh ihr zu, um Sams Gebrülle zu übertönen.

Jessica folgte ihm durch den schmalen Flur zu Sams Zimmer, das jetzt mit ihrem Gepäck hoffnungslos vollgestopft war.

»Wie gesagt, zuerst wollten wir dir das Gästezimmer geben, aber dann haben wir uns gedacht … weißt du, falls Sam nachts einmal zu weinen anfängt …«, meinte Josh entschuldigend, als er Jessicas niedergeschmetterten Gesichtsausdruck sah.

Jessica schluckte. »Aber natürlich«, erwiderte sie dann tapfer. »Und außerdem wollt ihr doch bestimmt das Gästezimmer freihalten«, fügte sie hinzu.

Josh schüttelte verständnislos den Kopf. »Wieso sollten wir das?«

»Ach, nur so«, meinte Jessica unbestimmt. »Falls irgendwelche Verwandte zu Besuch kommen. Zum Beispiel Tony.« Sie legte soviel Bedeutung wie möglich auf diesen Namen.

»Tony?« Josh sah sie groß an. »Ach, du meinst meinen Cousin?«

Plötzlich bekam Jessica ganz weiche Knie. Joshs

verständnisloser Blick verriet ihr deutlich, daß an einen Besuch von Tony nicht zu denken war.

»Oh, Tony hat in letzter Zeit viel zuviel zu tun, als daß er uns besuchen könnte. Das letzte Mal habe ich ihn gesehen, als Lucy und ich vor drei Jahren geheiratet haben.«

»Oh«, meinte Jessica. »Ach so.«

»Ich laß dich jetzt allein, damit du dich in Ruhe einrichten kannst«, sagte Josh und lächelte sie breit an.

Jessica nickte wie betäubt. Als Josh das Zimmer verlassen hatte, blickte sie sich verzeifelt um – blickte auf die Babywiege, das aufklappbare Feldbett …

5

»So läßt es sich leben«, stellte Lillian zufrieden fest. Sie warf ihr langes hellbraunes Haar über die Schulter zurück. »Freust du dich nicht, daß ich dich überzeugt habe, mit mir nach Malibu zu kommen, Jessie?«

Jessica starrte auf das glitzernde blaue Meer, das sich vor ihr erstreckte. »Nein«, fuhr sie ihre Freundin gereizt an und schnippte sich ein Sandkörnchen von ihrem glatten braungebrannten Bein.

Sie und Lillian lagen am öffentlichen Strand, der an den Besitz der Bennets grenzte, und warteten, daß Elizabeth mit der kleinen Taryn dazukam. Sie hatten alle mit ihren Familien vereinbart, daß sie montags freihatten, damit sie an diesem Tag gemeinsam etwas unternehmen konnten.

Aber im Moment schien es Jessica noch so, als würde es nie Montag werden. Sechs ganze Tage war es noch bis dahin. Zum Glück war es ihr gelungen, Lucy davon zu überzeugen, daß sie, Jessie, einmal am Tag joggen mußte, um sich fit zu halten. Und daß es am besten war, wenn sie das tat, während Sam seinen Mittagsschlaf hielt.

»Ich will nur hoffen, daß Sam mindestens vier Stunden lang schläft«, brummelte Jessica. »Ich werde noch verrückt in diesem winzigen Haus!«

Lillian lächelte sie mitfühlend an. »Ich verstehe gar

nicht, wie du das aushältst«, stimmte sie zu. »Warum überredest du Liz nicht dazu, mit dir zu tauschen, Jessie? Ihr ist es doch egal, wenn sie nicht soviel Platz hat, oder?«

Jessicas Augen leuchteten kurz auf, doch dann schüttelte sie den Kopf. »Das kann ich nicht machen«, meinte sie schließlich. »Nicht, nachdem ich sie hierher mitgeschleift habe.«

»Warum denn nicht?« wollte Lillian wissen. »Liz ist doch so gutmütig, daß sie sich sogar freuen würde, mit dir zu tauschen. Du brauchtest sie nur lieb darum zu bitten.«

Jessica seufzte. »Liz ist vielleicht gutmütig, aber bestimmt nicht dumm. Bei den Sargents kommt man sich vor wie in einem Kinderlaufstall. Vor lauter Babykrempel weiß man gar nicht, wo man hintreten soll. Ich glaube, ich kann Babys nicht mal leiden«, fügte sie hinzu. »Findest du Windeln wechseln nicht auch grauenvoll?«

Lillian sah sie entsetzt an. »Windeln? Ich wechsle doch keine Windel!« rief sie. »Dafür ist die Säuglingsschwester da. Ich *spiele* mit Mikey, nachdem er seinen Mittagsschlaf gemacht hat.« Sie holte ein dickes Taschentuch aus der Tasche. »Das einzige, worüber ich mir Gedanken zu machen brauche«, fuhr sie fort, »ist, wann wir endlich mal ein paar von diesen tollen Männern kennenlernen, die man hier überall sieht. Malibu wimmelt nur so von interessanten Männern – und ich möchte einen davon abbekommen!«

»Männer«, wiederholte Jessica verstimmt. »Lillian, du hörst dich an, als wärst du mindestens fünfundzwanzig. Einfache, normale Jungen interessieren dich wohl gar nicht mehr.«

»Jungen sind mir zu kindisch«, erklärte Lillian verächtlich. Sie klappte ihr Buch auf, las für ein oder zwei Minuten lang und sah dann wieder hoch. Ihre braunen Augen blickten ganz verträumt. »Ich würde gern so einen Typ wie den hier in diesem Buch kennenlernen.« Sie wedelte mit dem Buch vor Jessicas Nase herum. »Er heißt Rock Owens, und er hat einfach alles – gutes Aussehen, Geld, ein paar Villen in Europa ... Hör mal zu!«

Jessica verdrehte die Augen und wälzte sich auf den Bauch, während Lillian vorzulesen begann.

»Rock war groß und kräftig. Feurig blitzten seine dunklen Augen in seinem braungebrannten Gesicht. Als Elinore ihn sah, wußte sie, dies war der Mann, auf den sie immer gewartet hatte. Die Muskeln spielten in seinen kräftigen Armen, als er sie hochhob. Wilde Leidenschaft spiegelte sich in seinen männlichen Zügen. »Küß mich, Rock«, stöhnte Elinore leise.«

Jessica stöhnte laut auf. »Lächerlich«, entschied sie. »Lillian, du mußt endlich mal lernen, Kompromisse einzugehen. Du wirst niemals einen Millionär namens Rock kennenlernen! Weißt du, du solltest vielleicht ein bißchen mehr Zeit hier auf diesem Planeten zubringen!«

Lillian ließ das Buch sinken. Sie machte ein entschlossenes Gesicht. »Was ich brauche, ist ein Mann, der älter ist als ich«, erklärte sie ihrer Freundin.

»Einen reifen Mann, der schon all das hinter sich hat, was wir jetzt gerade durchmachen. Glaub mir, Jessica, diesen Sommer werde ich ihn kennenlernen.«

»Hey«, meinte Jessica plötzlich und setzte sich mit einem Ruck auf. Sie kniff die Augen zusammen. »Wo du gerade von kennenlernen redest – das dort ist genau der Typ, auf den ich fliegen würde!« Sie stieß einen leisen, anerkennenden Pfiff aus, während sie beobachtete, wie ein großer, gutgebauter blonder Junge am Wasser entlang auf sie zu gejoggt kam.

Lillian sah interessiert in dieselbe Richtung. »Nicht schlecht«, gab sie zu. »Aber findest du nicht, daß er irgendwie ... na ja, noch sehr jungenhaft wirkt?«

Jessica kicherte. »Vergiß nicht«, zog sie ihre Freundin auf, »daß du es bist, die sich für Opas interessiert, nicht ich!« Sorgfältig legte sie sich auf ihrem Badetuch in Positur, schlug die Füße übereinander und schüttelte ihr Haar zurück, daß es ihr über die Schultern fiel. Der Junge kam näher, und sie wollte absolut perfekt aussehen.

»Du«, flüsterte Jessica aufgeregt, »sieh jetzt nicht hin, aber ich glaube, er kommt direkt zu uns her!«

Zu Jessicas Enttäuschung lief der Junge dann aber geradewegs an ihnen vorbei. Zwar hätte sie schwören mögen, daß er sie genau betrachtet hatte, als er nähergekommen war, aber er hielt nicht an.

»Mist«, meinte Jessica, nahm eine Handvoll Sand und ließ ihn durch die Finger rinnen. »Ich finde ihn jedenfalls toll.« Sie bewunderte, was für kräftige Muskeln er hatte, als er weiter in Richtung Leuchtturm lief. »Ich wünschte ...«

Doch bevor sie ihrer Phantasie weiter freien Lauf lassen konnte, wurde sie von Elizabeths fröhlicher Stimme unterbrochen, die von der Rotholzterrasse der Bennets zu ihnen herunterdrang. »Wir kommen jetzt!« rief ihre Schwester.

Jessica beschattete ihre Augen mit einer Hand. Auf der Terrasse konnte sie auch Taryn sehen, deren Gesichtchen mürrisch verzogen war.

»Ich fürchte, Liz hat mit diesem Satansbraten alle Hände voll zu tun«, bemerkte Jessica und warf Lillian einen Blick zu. »Vielleicht«, meinte sie dann hinterlistig, »tue ich ihr sogar einen Gefallen, wenn ich sie bitte, mit mir den Job zu tauschen.«

Lillian grinste. »So gefällst du mir schon besser.«

»Hi«, begrüßte Elizabeth sie kurz darauf außer Atem. Sie war voll beladen mit Taryns Sachen – einem Plastikeimer, einem Klappstühlchen, Decke, Sonnenschirm und einer Puppe im Badeanzug.

»Hi, Taryn.« Lillian schenkte dem kleinen Mädchen ein gekünsteltes Lächeln.

Taryn betrachtete sie mit gerunzelter Stirn. »Ich will wieder ins Haus zurück«, sagte sie zu Elizabeth und steckte den Daumen in den Mund.

»Ach was, Taryn«, antwortete Elizabeth. Sie ließ die Spielsachen in den Sand fallen, breitete die Decke aus und baute den Sonnenschirm auf. »Heute ist so schönes Wetter. Warum willst du denn wieder hineingehen?«

»Darum«, nuschelte Taryn verdrießlich, ohne den Daumen aus dem Mund zu nehmen.

»Bestimmt haben wir hier draußen eine Menge

Spaß«, meinte Elizabeth, obwohl ihre Stimme schon ein wenig unsicher klang. »Du hast doch gesagt, du wolltest mit deinem Eimerchen spielen. Ich dachte, wir wollten zusammen eine Sandburg bauen!«

»Ich will keine Sandburg bauen.« Taryn nahm den Daumen aus dem Mund. »Ich mag dich nicht«, fügte sie dann hinzu und sah Elizabeth fest an. »Ich will, daß du wieder weggehst.«

»Aber ich mag dich, Taryn«, erklärte Elizabeth und seufzte. Taryn wandte sich ab und ging zum Wasser. »Ich habe das dumme Gefühl, dauernd irgendwas falsch zu machen«, überlegte Elizabeth laut.

Jessica und Lillian sahen sich amüsiert an. »Mir scheint, Taryn ist nicht gerade ein Elizabeth-Wakefield-Fan«, stellte Jessica fest, doch als sie den betroffenen Gesichtsausdruck ihrer Schwester bemerkte, schlug sie schnell einen anderen Ton an. »Mach dir nichts draus«, tröstete sie Liz, »die Kleine ist einfach total verwöhnt. Wen interessiert schon, was sie denkt?«

»Mir tut sie leid.« Elizabeth zog ihr T-Shirt aus. Darunter kam ein hübscher dunkelblauer Badeanzug zum Vorschein. »Ich kann nicht fassen, was für ein Leben das arme Kind führt! Maria ist für sie mehr eine Mutter als ihre richtige Mutter. Ihre Eltern bekommt Taryn kaum zu Gesicht.«

»Trotzdem halte ich sie für verzogen«, sagte Jessica. »Ich weiß gar nicht, wie du das aushältst.«

»Aber wir sind doch erst seit ein paar Tagen hier«, erinnerte Elizabeth sie. »Laß mir etwas Zeit. Die Nerven kann ich immer noch verlieren!«

»Apropos Nerven verlieren«, meinte Lillian und gähnte geziert, »deine Zwillingsschwester hat sich gerade unsterblich in einen geheimnisvollen blonden Jogger verliebt. Du mußt sie zurückhalten, Liz. Sie ist nämlich drauf und dran, ihm hinterherzulaufen.«

»Ehrlich?« fragte Elizabeth neugierig. »Wo ist der Typ?«

»Er ist dort entlanggelaufen«, antwortete Jessica bekümmert und zeigte den Strand hinunter. »Er ist ganz dicht an uns vorbeigelaufen, aber er hat nicht angehalten.«

»Und wenn schon. Du bekommst bestimmt eine zweite Chance. Ich glaube, da kommt er schon wieder zurück!« Lillian stieß Jessica übermütig in die Seite. »Laß dir irgendwas einfallen, wenn er vorbeikommt – vielleicht solltest du ihm ein Bein stellen!«

»Hört mal, den kenne ich doch«, stellte Elizabeth fest. Sie hielt sich die Hand über die Augen, um besser sehen zu können. »Das ist Cliff Sherman!«

»Cliff Sherman?« Jessica richtete sich auf. »Woher kennst du ihn denn, Liz?« Sie wußte nicht, ob sie sich über diesen glücklichen Zufall freuen sollte, oder ob sie verzweifeln sollte, daß ihre Schwester ihr zuvorgekommen war.

»Er ist ein Nachbar der Bennets«, erklärte Elizabeth.

»Seine Familie wohnt gleich im nächsten Haus. Aber keine Angst«, fügte sie hinzu, als sie den gequälten Gesichtsausdruck ihrer Schwester bemerkte, »er interessiert mich nicht, Jessie. Du kannst ihn ganz für dich allein haben!«

Jessica wurde rot. »Ich frage mich nur – ich meine, wie hast du ihn kennengelernt? Ist er nett? Wie alt ist er überhaupt? Wo ...«

»Langsam!« Elizabeth lachte und hielt eine Hand hoch. »Immer eins nach dem anderen!« Taryn war wieder vom Wasser zurückgekommen, in der Hand ihren Eimer voll nassem Sand. Jetzt blieb sie stehen und setzte den Eimer ab.

Aufmunternd lächelte Elizabeth sie an. »Komm doch und leiste uns ein bißchen Gesellschaft«, rief sie, ohne auf den schmollenden Gesichtsausdruck des kleinen Mädchens zu achten.

Elizabeth zuckte mit den Schultern. »Er ist oft am Strand. Anscheinend ist er wirklich nett«, fuhr sie dann fort. »Er hat gerade die High School abgeschlossen, aber er weiß noch nicht, ob er hier in Kalifornien oder in einem anderen Staat aufs College gehen soll. Ein sympathischer Typ. Du wirst bestimmt keine Schwierigkeiten haben, ihn näher kennenzulernen. Das dort ist das Haus seiner Eltern.« Elizabeth zeigte auf das Rotholzhaus auf dem Nachbargrundstück der Bennets.

»Sieh mal«, flüsterte Lillian Jessica zu, »ich glaube, er läuft direkt auf uns zu.«

Aufgeregt beobachtete Jessica, daß Cliff langsamer wurde und schließlich in normalen Schritt verfiel. »Hi, Taryn«, sagte er, bückte sich und fuhr dem kleinen Mädchen durch das Haar. Dann fügte er »Hi, Liz!« hinzu und ging auf die Mädchen zu, wobei er sich über die Stirn wischte.

Aus der Nähe gefiel er Jessica sogar noch besser.

»Cliff, dies sind meine Schwester Jessica und unsere Freundin Lillian Fowler«, stellte Elizabeth vor.

»Nanu, ihr zwei seht ja gleich aus!« Cliff ließ sich in den Sand fallen. »Eigentlich hatte ich dich vorhin für Liz gehalten«, wandte er sich dann an Jessica. »Ich wollte schon anhalten, um dir ›Hallo‹ zu sagen, aber dann habe ich mir gedacht, wenn ich erst mal stehengeblieben bin, habe ich bestimmt keine Lust mehr weiterzulaufen.«

»Läufst du jeden Tag?« fragte Jessica. Sie sah Cliff mit lebhaftem Interesse an.

»Ja, ungefähr acht Kilometer«, antwortete Cliff.

Lillian stöhnte. »Ich würde nicht mal einen einzigen Kilometer schaffen!«

Jessica sah sie giftig an. »Ich jogge unheimlich gern«, schwindelte sie und ignorierte dabei, daß Elizabeth Lillian vielsagend zuzwinkerte. »Ich finde, besser kann man sich gar nicht in Form halten. Vielleicht sollten wir mal zusammen laufen«, fügte sie hinzu.

Cliff lachte. Seine Zähne waren strahlend weiß. »Ich glaube nicht, daß ich beim Laufen sehr unterhaltsam bin. Aber ich habe gerade überlegt, ob ihr drei für diesen Samstagabend schon etwas vorhabt. Ein Freund von mir kommt für ein paar Wochen aus San Franzisko hierher, und ich gebe eine große Fête für ihn. Da wird der Bär los sein – zuerst ein großes Grillfest am Strand, dann Tanzen ...«

»Das hört sich ja toll an«, sagte Jessica schnell. »Ich würde unheimlich gern kommen, Cliff.«

Lillian nickte nachdrücklich. »Mit mir kannst du

auch rechnen. Ich kann gar nicht erwarten, noch ein paar Leute von hier kennenzulernen.«

»Dazu wirst du jede Menge Gelegenheit haben«, versicherte Cliff ihr. »Ich werde dafür sorgen, daß ihr alle kennenlernt.«

Jessica senkte den Blick. »Darauf freue ich mich schon«, antwortete sie hintergründig. Cliff lächelte und stand wieder auf. »Schön! Dann sehe ich euch drei Samstagabend, so um acht Uhr, abgemacht?«

Elizabeth antwortete nicht. Wie erstarrt hatte sie Taryn beobachtet, wie die Kleine seelenruhig mit der Schaufel einen großen Klumpen nassen Sand aus ihrem Eimer hob und ihn auf Cliffs Turnschuh fallen ließ.

»Vielen Dank, Taryn«, meinte Cliff unbeeindruckt. Er schüttelte den Sand von seinem Fuß und sah Taryn kopfschüttelnd an.

»Du solltest ein Auge auf sie haben, Liz«, riet er dann Elizabeth.

»Taryn!« sagte Elizabeth vorwurfsvoll.

Aber das kleine Mädchen störte sich gar nicht daran. »Ich hasse ihn«, sagte sie wütend und rieb sich die Augen, in denen Tränen schimmerten. »Und dich hasse ich auch!«

Elizabeth sprang auf, als Taryn in Richtung Haus losrannte. »Ich bin gleich wieder zurück!« rief sie noch, während sie sich an die Verfolgung machte.

Jessica blieb von dem kleinen Drama unbeeindruckt. Statt dessen sah sie fasziniert Cliff Sherman hinterher, der über den Strand auf das Haus seiner Eltern zuging.

Seit sie angekommen waren, hatte sie Elizabeth darum beneidet, daß die in einem so prachtvollen Haus wohnen konnte. Und jetzt, wo Jessica wußte, daß Cliff Sherman direkt nebenan lebte, war sie erst recht fest entschlossen, alles Menschenmögliche zu unternehmen, um Elizabeth dazu zu bewegen, mit ihr für den Rest des Sommers den Job zu tauschen!

6

Zuerst wußte Jessica gar nicht, wovon sie wach geworden war. Dann hörte sie Sam weinen, und sie erinnerte sich wieder daran, wo sie sich befand. Die Digitaluhr neben ihrem Bett zeigte sechs Uhr früh an, und obwohl es draußen schon langsam hell wurde, kam es Jessica so vor, als wäre es noch mitten in der Nacht.

»Schon gut, schon gut«, stöhnte sie, schwang die Beine aus dem Bett und rieb sich die Augen. Unglücklich stellte sie fest, daß ein Baby hundertmal schlimmer war als ein Wecker. Ein Wecker ließ sich wenigstens abstellen, indem man auf einen Knopf drückte. Bei dem kleinen Sam war das leider nicht möglich. Es war Zeit für seine Flasche, und solange er die nicht bekam, würde er sich die Lunge aus dem Hals schreien.

Ein wenig hatte sich Jessica schon an dieses frühe Aufstehen gewöhnt. Noch ganz verschlafen stolperte sie durch das kleine Zimmer, zog sich den Morgenmantel an und nahm Sam aus seiner Wiege. Als sie ihn hochhob, setzte sein Geschrei für einen kurzen Augenblick aus, um gleich darauf verstärkt wieder einzusetzen.

»Ich weiß ja, daß du Hunger hast«, beschwichtigte Jessica ihn und staunte, wie unglaublich wütend sein kleines Gesicht wirkte. »Ich beeile mich ja schon.«

Mit dem Baby auf dem Arm ging sie leise durch den dunklen Flur in die Küche, wo sie eine Flasche mit vorbereiteter Babynahrung aus dem Kühlschrank holte und sie in den Flaschenwärmer stellte.

Als die Flasche fertig war, setzte sich Jessica an den Küchentisch, um Sam zu füttern, und betrachtete währenddessen mißbilligend ihre Umgebung. Lucy und Josh waren zwar unheimlich nette Leute, aber wie es in ihrer Wohnung aussah, war ihnen anscheinend völlig egal. Nicht, daß Jessica einen Ordnungsfimmel hatte.

Zu Hause war sie ewig allen möglichen dummen Bemerkungen über ihr Zimmer ausgesetzt, das sie selbst als »gemütlich« betrachtete, während die übrige Familie fand, daß es eher wie eine Müllhalde wirkte. Aber Jessicas Zimmer war eine Sache für sich. Im übrigen war es bei den Wakefields immer sauber und ordentlich, während das ganze Haus der Sargents ein totales Chaos war!

Aber das allein hätte Jessica gar nicht weiter gestört. Das größte Problem war, daß die Sargents viel zu weit vom Strand entfernt wohnten – und zu weit von Cliff Sherman. Ansonsten hatte Jessica nichts an ihrem Job auszusetzen. Auch wenn Sam die merkwürdigsten Fütterungszeiten hatte, machte er ihr sonst nicht viel Mühe, und Lucy war wirklich großzügig, wenn Jessica sich nachmittags mit Elizabeth und Lillian treffen wollte.

Jessica betrachtete das Baby, das mit zufriedenem Gesicht an seiner Flasche nuckelte, und dachte wieder an die Unterhaltung, die sie am vergangenen

Abend mit Elizabeth am Telefon gehabt hatte. Leider hatte sich Elizabeth gar nicht begeistert gezeigt, als Jessica ihr angeboten hatte, mit ihr den Job zu tauschen.

»Nein, vielen Dank«, hatte sie sofort erwidert. »So leicht lasse ich mich nun doch nicht herumschubsen. Mir gefällt's bei den Bennets.«

Jessica hatte jede mögliche Taktik versucht. Sie hatte Elizabeth daran erinnert, wie unzugänglich Taryn war und wieviel strenger die Bennets in allem waren. Aber Elizabeth wollte einfach nicht einsehen, daß das Angebot ihrer Schwester nichts anderes als großzügig war. »Keine zehn Pferde bringen mich dazu, mit dir zu tauschen«, war alles, was sie dazu sagte, sehr zu Lillians Belustigung und zu Jessicas Enttäuschung.

Also gut, dann mußte Jessica sich eben etwas besseres einfallen lassen. Wenn Elizabeth auf stur schaltete, würde sie ihre Bemühungen einfach verdoppeln! Jessica konnte nicht seelenruhig mit ansehen, daß Elizabeth den Job bei den Bennets behielt und damit praktisch Tür an Tür mit Cliff Sherman lebte.

»Guten Morgen«, sagte Lucy von der Küchentür her und unterbrach damit Jessicas Gedanken. »Wie geht's denn meinem Baby?« Sie streichelte Sams Füßchen und gähnte. »Möchtest du eine Tasse Kaffee?« fragte sie Jessica, während sie die Kaffeedose aus dem Schrank nahm.

»Nein, danke«, antwortete Jessica und schob Sam in ihrem Arm zurecht. Ein wenig fand sie es schade, daß Lucy schon auf war. Sie wäre lieber noch ein bißchen allein geblieben. Sie wollte an Cliff denken, und sie zählte schon die Tage bis zu seiner Party am Samstag. Heute war schon Mittwoch – also brauche sie nur noch drei Tage zu warten!

Bald darauf lief der Kaffee durch die Maschine, und Lucy setzte sich zu Jessica an den Tisch und betrachtete lächelnd ihr Baby. Lucy gehörte zu den Frauen, die immer gut aussahen, selbst am frühen Morgen, ohne Make-up. Jedenfalls fand Jessica, daß Lucy sehr hübsch war mit ihrem roten Haar und ihren sanften braunen Augen.

»Erzähl doch mal, wie es dir hier so geht«, forderte Lucy sie auf. Inzwischen war der Kaffee durchgelaufen, und Lucy stand auf, um sich eine Tasse einzuschenken. »Gefällt es dir hier? Hast du schon ein paar nette Leute kennengelernt?«

»Ja, erst gestern habe ich einen Typ kennengelernt«, erzählte Jessica ihr. »Er sieht super aus, Lucy. Er ist ganz blond und unheimlich gut gebaut. Er wohnt direkt neben den Bennets. Kennen Sie das Haus? Es ist aus Rotholz und hat eine große überdachte Veranda.«

»Ach, du meinst bestimmt die Shermans«, erwiderte Lucy und trank einen Schluck Kaffee. Lächelnd winkte sie Sam zu. »Es sind wirklich nette Leute. Cliff kenne ich auch. Du hast recht. Der Junge sieht tatsächlich gut aus.«

Jessica setzte sich etwas anders hin, denn Sam wurde ihr allmählich ein bißchen schwer. »Jedenfalls gibt Cliff diesen Samstag eine Party, und er hat uns alle drei dazu eingeladen – Lillian, Liz und mich. Ich kann es kaum erwarten. Bestimmt wird es eine Superfête!«

»Ganz bestimmt«, meinte Lucy, doch plötzlich schien ihr etwas eingefallen zu sein. »Moment mal – diesen Samstag?« fragte sie. »Ach, Jessie, es tut mir furchtbar leid, aber Josh und ich haben schon etwas vor. Wir sind bei Freunden zum Essen eingeladen. Normalerweise würde ich versuchen, es zu verschieben, aber es ist eine ziemlich wichtige Sache. Der Mann hat uns schon vor unheimlich langer Zeit eingeladen, und ich fürchte ...«

Jessica blickte sie niedergeschmettert an. »Heißt das ...«

»Ich fürchte, wir werden dich brauchen, damit du bei Sam bleibst«, beendete Lucy ihren Satz und seufzte. »Es tut mir ehrlich leid, Jessie. Wenn du jemand anderen finden würdest, der auf Sam aufpaßt, wäre ich einverstanden, aber im Moment fällt mir niemand ein. Dir vielleicht?«

Jessica blinzelte ungläubig. Ihre schönsten Träume waren in einer Sekunde zunichte gemacht worden! Sie mußte einfach nächsten Samstag zu Cliffs Party gehen; etwas anderes kam gar nicht in Frage.

»Vielleicht kann ich ja jemand finden«, antwortete sie selbst nicht sehr überzeugt. Sie schaute unverwandt auf Sam hinunter, damit Lucy nicht sah, daß sie Tränen in den Augen hatte.

Jessica wußte ja, daß Lucy und Josh das Recht hatten auszugehen, wann immer sie Lust dazu hatten. Zu ihrem Job gehörte es, auch abends zur Verfügung zu stehen, falls sie gebraucht wurde. Trotzdem konnte sie einfach nicht fassen, daß sie solches Pech hatte. Der bestaussehende Junge der ganzen Umgebung wartete am Samstagabend auf sie und prompt mußte etwas dazwischenkommen!

Und wenn sich Jessica nicht ganz schnell eine Lösung einfallen ließ, würde sie bei den Sargents zu Hause herumhängen, Windeln wechseln und Fläschchen wärmen, während die erste große Party des Sommers ohne sie stattfand!

»Aber zu irgendwas mußt du doch Lust haben«, meinte Elizabeth und sah sich kopfschüttelnd in Taryns Zimmer um. Sie konnte kaum glauben, wie viele Spielsachen das kleine Mädchen hatte – sämtliche Regale schienen vor Spielen und Puppensachen überzuquellen. Aber Taryn war an nichts davon interessiert.

»Wir können doch an den Strand gehen«, schlug Elizabeth hoffnungsvoll vor. Sehnsüchtig blickte sie aus dem Fenster auf das glitzernde blaue Meer.

Taryn schob die Unterlippe vor. »Ich will nicht.«

Elizabeth seufzte zum hundersten Mal, wie sie meinte. Ihre Aufgabe war wohl doch viel schwieriger, als sie erwartet hatte. Mit allen möglichen Mitteln hatte sie versucht, Taryn aus ihrem Schneckenhaus hervorzulocken, aber das Kind blieb störrisch und unleidlich. Sie ließ keinen Zweifel daran, daß sie Elizabeth nicht leiden konnte und lehnte alles ab, was Elizabeth ihr vorschlug.

Liefe Taryn nicht ständig mit einer mißmutigen

Schnute herum, wäre sie ein richtig niedliches Mädchen, fand Elizabeth. Die Kleine hatte kurzes, weiches schwarzes Haar und große veilchenblaue Augen, die von dunklen Wimpern umrahmt waren. Natürlich war sie immer tadellos angezogen. Sie besaß jede Menge hübscher Kleidchen; ihre Schränke waren randvoll mit niedlichen Anziehsachen. Wie eine Puppe, dachte Elizabeth traurig, denn ihr wurde immer klarer, daß Audrey Bennet ihre kleine Tochter mehr wie eine Puppe als wie ein Kind behandelte.

Noch nie hatte Elizabeth Menschen wie die Bennets kennengelernt.

Sie waren beide unglaublich elegant, aber sie hatten nichts Warmes, Liebevolles an sich – weder in ihrem Umgang miteinander, noch in ihrer Haltung ihrer Tochter gegenüber.

Malcolm Bennet stammte aus einer sehr reichen Familie, und nichts schien ihm so wichtig zu sein, wie sein Image innerhalb der feinen Gesellschaft von Malibu aufrechtzuerhalten. Er fuhr den weißen Jaguar, den Elizabeth schon gesehen hatte, als sie zu ihrem Vorstellungsgespräch gekommen war, und einen großen Teil seiner Zeit verbrachte er damit, daß er sich über kleine Geräusche des Motors sorgte, die niemand außer ihm wahrnahm. Die restliche Zeit hielt er sich im »Club« auf, dem Malibu Polo Club. Maria hatte erzählt, daß Mr. Bennet dort Karten und gelegentlich auch Golf spielte.

»Und wann arbeitet er?« hatte Elizabeth irritiert gefragt.

»Ach«, hatte Maria schulterzuckend erwidert, »im

Sommer hat er nie viel zu tun. Er ist Anlageberater, und im Sommer läuft immer alles etwas langsamer.«

Elizabeth erschien das alles sehr eigenartig. Mrs. Bennet war ihr sogar ein noch größeres Rätsel als ihr Mann. Sie war einige Jahre jünger als Mr. Bennet und auffallend schön, mit rabenschwarzem Haar und den gleichen klaren, veilchenblauen Augen wie Taryn. Sie war sehr groß – fast einsachtzig – und gertenschlank. Die Kleider, die sie trug, verschlugen Elizabeth jedesmal den Atem.

Elizabeth gab sich Mühe, Mrs. Bennet zu mögen, aber es fiel ihr wirklich nicht leicht. Wann immer sie miteinander sprachen, wirkte Mrs. Bennet kühl und unnahbar. Ständig schien sie auf dem Sprung zu sein, ständig mußte sie ganz dringend zu irgendeiner Verabredung. Sie traf sich oft mit Freundinnen zum Mittagessen, aber soweit Elizabeth es beurteilen konnte, verbrachte sie ihre meiste Zeit entweder mit einem Einkaufsbummel oder im Fitneßcenter.

Maria hatte Elizabeth verraten, daß Audrey Bennet eine richtige Fitneß-Fanatikerin war, die wie besessen auf ihre Figur achtete. Täglich schwamm sie hunderte von Runden und besuchte außerdem regelmäßig Gymnastikkurse.

Daher fand es Elizabeth nicht verwunderlich, daß Taryn so unglücklich war. Sie bekam weder Vater noch Mutter oft zu Gesicht, und wenn sie sie sah, spürte sie wahrscheinlich deutlich, daß zwischen ihren Eltern etwas nicht stimmte. Kinder sind oft viel feinfühliger als Erwachsene gegenüber Spannungen innerhalb der Familie, und Elizabeth hatte den Eindruck, daß Taryn trotz ihrer Widerspenstigkeit ein sehr intelligentes kleines Mädchen war.

Aber Taryn war auch ein sehr einsames Kind. Weder hatte sie Spielkameraden, noch durfte sie andere Kinder besuchen. Zu Maria und Emily, der Köchin, war sie ungezogen – genau wie zu Elizabeth. Aber Elizabeth war sich beinah sicher, daß Taryns Ungezogenheit ein Zeichen dafür war, wie sehr sie litt. Die arme Kleine wußte einfach nicht, wie sie sich jemandem zuwenden sollte. Wahrscheinlich wußte sie nicht einmal, was wirkliche Zuneigung war!

Aber trotz all ihrer guten Absichten wurde Elizabeth manchmal ungeduldig. Vor weniger als einer Woche war sie angekommen, und jetzt konnte sie kaum noch die Nachmittage erwarten, an denen sie sich mit Jessica und Lillian am Strand traf.

Manchmal dachte Elizabeth unwillkürlich daran, was für einen tollen Sommer sie in Sweet Valley hätte verbringen können, einen produktiven, lehrreichen Sommer bei den News, wenn sie nicht nach Malibu gegangen wäre. Aber sie gehörte nicht zu den Menschen, die sich über eine einmal getroffene Entscheidung immer wieder aufs neue den Kopf zerbrachen. Sie war nun mal hier, und sie war entschlossen, das Beste daraus zu machen.

»Komm, Taryn. Wir unternehmen jetzt etwas Schönes«, sagte Elizabeth bestimmt. »Laß uns an den Strand gehen und schwimmen.«

»Immer willst du an den Strand gehen«, maulte Taryn, aber sie wehrte sich nicht, als Elizabeth ihr in einer ihrer vielen Badeanzüge half. Nach einer kleinen Ewigkeit waren sie endlich fertig und traten in den strahlenden Sonnenschein hinaus.

»Sieh nur, wie braun du schon bist, Taryn«, stellte Elizabeth fest, als sie ihren Arm neben den des kleinen Mädchens hielt, um ihre Farbe zu vergleichen.

Taryn riß ihren Arm weg. »Da ist deine blöde Schwester«, meinte sie böse und zeigte mit ihrer Schaufel in Richtung Strand.

Elizabeth kniff die Augen gegen die Sonne zusammen. Taryn hatte recht. Jessica kam auf sie zugetrottet, und sie machte einen ziemlich niedergeschlagenen Eindruck.

»Wo willst du hin?« rief Elizabeth Taryn hinterher.

»Dorthin.« Taryn lief zu einem grasbewachsenen kleinen Fleckchen.

Inzwischen hatte Jessica ihre Schwester erreicht. Sie ließ sich in den Sand fallen und machte ein Gesicht wie sieben Tage Regenwetter.

»Was ist denn mit dir los?« fragte Elizabeth. »Meine Güte, wenn ich Taryn und dich so ansehe, lasse ich mich von eurer miesen Laune glatt noch anstecken!«

Jessica richtete sich auf und sah ihre Zwillingsschwester fest an.

»Weißt du, Liz, ich würde wirklich unheimlich gern mit dir den Job tauschen. Ich habe das gestern abend nicht nur so aus Spaß gesagt.«

Elizabeth lachte. »Ich hatte auch gar nicht den Eindruck, daß du Spaß machst. Aber wie ich dir schon gesagt habe, Jessie, das kommt überhaupt nicht in

Frage. Selbst wenn ich es wollte, würde ich es nicht tun. Ich fände es sehr unprofessionell.«

Hoffnungslos starrte Jessica ihre Schwester an. »Dann eben nicht.« Sie wandte sich ab und blickte niedergeschlagen auf das Meer.

»Was ist denn los?« Elizabeth sah ihre Schwester besorgt an. »Stimmt irgendwas nicht bei den Sargents? Lassen sie dich zuviel arbeiten?«

Jessica schüttelte den Kopf. »Nein ... es ist nur ... ach, was soll's.« Sie seufzte und stützte den Kopf in die Hände. »Ich werde schon darüber wegkommen. So schlimm ist es nun auch wieder nicht.«

»Was ist denn überhaupt?« wollte Elizabeth wissen.

»Cliffs Party«, erwiderte Jessica dramatisch. Sie holte tief Luft und erklärte ihrer Schwester die ganze verfahrene Situation.

Elizabeth runzelte die Stirn. »Jessie, das ist ja furchtbar. Du hast dich doch so sehr auf die Party gefreut, oder?«

»Ja«, murmelte Jessica. »Aber was soll's? Was macht es schon aus, wenn ich Cliff nie wiedersehe? Wen kümmert das schon?«

»Hör mal.« Mitfühlend schaute Elizabeth ihre Zwillingsschwester an. »Bis jetzt konnte ich die Bennets noch nicht fragen, ob sie an diesem Abend irgendwas vorhaben. Aber wenn nicht, dann werde ich auf Sam aufpassen. Mir macht es nichts aus, wenn ich die Party verpasse.«

»Ehrlich nicht?« rief Jessica. »O Liz, habe ich dir überhaupt schon mal gesagt, wie lieb ich dich habe?«

Elizabeth lachte. »Vergiß aber nicht, daß ich die Bennets zuerst fragen muß. Es könnte sein, daß ich bei Taryn bleiben muß.«

Aber Jessicas Hochstimmung war nun nicht mehr zu dämpfen. »Du bist die allerbeste Schwester auf der ganzen Welt«, erklärte sie voller Überzeugung, »und wenn du das nächste Mal jemanden brauchst, der dir einen Gefallen tut, weißt du ja, an wen du dich wenden mußt, egal, worum es geht.«

Elizabeth schüttelte den Kopf. »Aber denk dran, das ist das letzte Mal«, warnte sie ihre Schwester.

Es war schwer zu sagen, ob Jessica diese Warnung ernst nahm oder nicht. Elizabeth hoffte jedenfalls, daß sie es tat. Immerhin hatte sie wegen Jessica auf einen Job verzichtet, auf den sie sich schon die ganze Zeit gefreut hatte. Jetzt fehlte ihr nur noch, daß sie sich zu ihren eigenen Verpflichtungen auch noch die von Jessica aufhalsen ließ!

7

»Also weigert sich Liz wirklich, den Job mit dir zu tauschen?« Lillian und Jessica schlenderten zusammen durch das kleine, exklusive Einkaufszentrum in der Nähe von Santa Monica, wohin sie zu einem Einkaufsbummel gefahren waren. Es war Donnerstag, und Lucy hatte Jessica den Nachmittag freigegeben. Lillian konnte sich selbstverständlich immer freinehmen, wenn sie Lust dazu hatte.

»Sie sagt, sie denkt überhaupt nicht daran«, antwortete Jessica. Sie blieb vor einem Schaufenster stehen, um ein Kleid zu bewundern. »Aber ganz entmutigt bin ich noch nicht. Zuerst habe ich gedacht, daß sie es wirklich ernst meint, aber jetzt ... Seit sie mir angeboten hat, Samstagabend auf Sam aufzupassen, überlege ich – daß ich vielleicht etwas behutsamer vorgehen muß, um sie zu überzeugen.«

»Wie meinst du das?«

»Also, möglicherweise war es keine gute Idee, sie geradeheraus zu fragen, ob sie mit mir tauscht. Jetzt glaube ich, daß ich sie dazu bringen muß, sich ernsthaft meinetwegen Gedanken zu machen. Sie muß den Eindruck bekommen, daß ich das Leben bei den Sargents nicht mehr aushalte.«

»Und wie willst du das erreichen?« Skeptisch zog Lillian eine Augenbraue hoch.

»Also, Plan Nummer eins ist diese eklige Katze der Sargents. Kannst du verstehen, wie man eine Katze ›Spot‹ nennen kann?« Jessica rümpfte die Nase. »Ich kann das Vieh nicht ausstehen!«

»Jessie«, wandte Lillian ein, »Liz wird kaum mit dir tauschen, bloß weil du die Katze der Sargents nicht leiden kannst.«

»Stimmt«, gab Jessica zu. »Aber wenn ich sie davon überzeuge, daß ich allergisch gegen das Vieh bin? Dazu ist Liz eine viel zu liebe Schwester, als daß sie mit ansehen könnte, wie ich mich den ganzen Sommer mit der Katze herumquäle, besonders, wenn ich ständig niesen muß und ihr erzähle, daß ich Hautausschlag bekomme!«

Lillian schüttelte den Kopf. »Das klingt ja reichlich abenteuerlich. Ich finde, du solltest lieber versuchen, das Beste aus deinem Job bei den Sargents zu machen.«

»Du hast eben keine Ahnung, wie überzeugend ich wirken kann, wenn ich will.« Jessica grinste. »Lillian, komm mit mir in diesen Laden. Ich möchte dieses Kleid mal anprobieren. Findest du nicht, daß es für Cliffs Party genau das richtige wäre?«

»Kommt drauf an«, erwiderte Lillian trocken. »Wenn du bis dahin keinen Ausschlag bekommst ...«

Die zwei betraten den Laden. Jessica fand das Kleid in der passenden Größe und verschwand damit in einer Umkleidekabine. »Ich gehe wieder hinaus«, verkündete Lillian und gähnte. Wenn sie es nicht war, die etwas kaufte, langweilte sie sich schnell.

»Bleib doch hier und sag mir, wie mir das Kleid

steht.« Jessicas Stimme kam gedämpft durch den dikken Vorhang. Aber Lillian war schon hinausgegangen, denn sie hatte auf der anderen Seite des Platzes das Schaufenster eines Juweliers entdeckt.

Abwesend betrachtete Lillian die ausgestellten Schmuckstücke, während sie vor sich hin summte und darauf wartete, das Jessica wieder herauskam. Plötzlich riß eine tiefe männliche Stimme sie aus ihrer Verträumtheit.

»Ich weiß ja, wie blöd das klingt, aber haben wir uns nicht schon mal irgendwo gesehen?«

Überrascht drehte sich Lillian um. Auf einer Marmorbank, ein paar Meter von ihr entfernt saß ein großgewachsener Junge in Khakihosen und einem dunkelgrünem T-Shirt. Er hatte eine gute Figur und sah auch sonst alles andere als schlecht aus. Er hatte braune Augen und dunkelbraunes Haar mit einem rötlichen Schimmer. Lillian gefiel seine Art auf Anhieb.

Sie wurde ein wenig rot. »Ich – äh – ich glaube nicht. Ich bin nicht mal von hier.«

Er lachte. »Das ist ja komisch! Ich bin nämlich auch nicht von hier. Ich komme aus San Franzisko. Ich heiße Ben Hogan. Und du?«

Lillian starrte ihn an. Normalerweise hätte sie ziemlich abweisend darauf reagiert, daß ein Wildfremder sie so ungeniert ansprach, aber dieser Typ hatte etwas ungeheuer Sympathisches an sich.

»Lillian Fowler«, antwortete sie und senkte schnell den Blick. Als sie wieder hochsah, lächelte er sie mit einem offenen, breiten Lächeln an.

»Woher kommst du denn, Lillian?« fragte er beiläufig und legte die Zeitung neben sich, in der er gelesen hatte.

»Aus Sweet Valley«, erzählte Lillian. »Ich bin den ganzen Sommer hier. Ich arbeite als Kindermädchen in Malibu.«

»Ehrlich?« Interessiert sah er sie an. »Ich wohne bei Freunden in Malibu. Wo sind denn …«

»Lillian!« rief Jessica aus dem Laden. »Komm doch endlich und sag mir, wie mir das Kleid steht!«

Verlegen sah Lillian Ben an.

»Mein Freundin«, erklärte sie lahm. »Ich glaube, ich gehe jetzt lieber.«

»Warst du schon mal Windsurfen?« fragte Ben. Lillian schüttelte den Kopf. »Ich bin ein sehr guter Trainer«, fügte Ben hinzu und lächelte sie freundlich an. »Wir könnten uns ja morgen irgendwann am Strand treffen – das heißt, wenn dir dein Job dazu Zeit läßt.«

Lillian dachte über seinen Vorschlag nach. Warum eigentlich nicht? Sie sah, wie Jessica sich im Laden um die eigene Achse drehte und von allen Seiten im Spiegel bewunderte. »Wir könnten uns um eins vor dem Aussichtsturm der Wasserwacht am öffentlichen Strand treffen«, schlug sie vor.

»Prima! Bis dann also!«

Lillian lief mit hochroten Wangen zu dem Laden. Was für ein toller Typ! Er war so nett, so höflich, so … reif, dachte sie überglücklich. Ganz anders als die Jungs zu Hause. Es war schwer zu schätzen, wie alt er war – vielleicht achtzehn? Neunzehn? Auf jeden Fall war er ein zuvorkommender, kultivierter

Mensch. Keiner der Typen in ihrer Schulklasse käme je auf die Idee, so mit ihr ein Gespräch zu beginnen!

»Na, was meinst du,« fragte Jessica und drehte sich einmal um sich selbst.

»Nicht schlecht. Du solltest es nehmen«, riet ihr Lillian abwesend. In Gedanken war sie immer noch ganz bei Ben.

Jessica warf einen Blick auf das Preisschildchen und stieß einen Seufzer aus. »Wenn ich mir überlege, wie viele Windeln ich dafür wechseln muß ...«

Lillian rümpfte die Nase. »Sei nicht so kleinlich, Jessie«, antwortete sie. Viel Überredeung war allerdings auch nicht erforderlich, bis Jessica mit dem Kleid zur Kasse ging.

»Wer war denn der Typ, mit dem du vorhin draußen gesprochen hast?« erkundigte sich Jessica neugierig bei Lillian.

Lillians braune Augen leuchteten auf. »Ich dachte schon, du würdest niemals fragen.« Sie holte tief Luft und erzählte ihrer Freundin alles über den Jungen, den sie insgeheim gerade zum Gegenstand ihrer Sommerromanze gemacht hatte.

»Haa-tschii!« Jessica nieste so mitleiderregend, wie sie konnte. Es war so eindrucksvoll, daß sogar die kleine Taryn vor Staunen die veilchenblauen Augen aufriß. Elizabeth, die ganz vertieft einen Brief las, den sie gerade von Enid erhalten hatte, hatte anscheinend nichts gehört.

»Warum machst du das?« fragte Taryn ernsthaft.

Für einen Augenblick hörte sie damit auf, weiter schlammiges Wasser in ein Loch zu kippen, das sie in den Sand gebuddelt hatte.

»Was soll ich machen?« fragte Jessica zurück. Sie blinzelte angestrengt in die Sonne, damit ihre Augen tränten.

»Warum niest du so? Das sieht richtig komisch aus«, stellte Taryn fest.

Jessica runzelte die Stirn. »Du solltest lieber nicht sagen, daß ich komisch aussehe, Taryn, sonst könnte nämlich etwas Unangenehmes passieren.«

Taryn sah sie interessiert an. »Was denn?« wollte sie wissen.

Jessica beugte sich zu ihr, damit Elizabeth nichts hörte. »Hör mal«, flüsterte sie der Kleinen ins Ohr. »Weißt du denn nicht, was mit bösen kleinen Mädchen passiert?«

Taryn schüttelte den Kopf und machte große Augen. »Was denn?« flüsterte sie zurück.

Jessica sah sie ernst an. »Es war einmal«, meinte sie leise, »ein böses kleines Mädchen, das Taryn hieß. Sie war so böse, daß sie eines schönen Tages, als sie wieder mal nichts weiter tat, als böse zu sein, von einem großen, großen Frosch mit einem Haps verschluckt wurde. Das war's.«

Taryn starrte sie mit offenem Mund an. »Ist das ehrlich wahr?« fragte sie beunruhigt.

»Was flüstert ihr zwei denn da?« fragte Elizabeth. Sie hatte gerade noch über eine Stelle in Enids Brief gelacht, aber jetzt legte sie ihn zur Seite, wenn auch nur widerwillig.

Jessica zwinkerte Taryn zu. »Das ist ein Geheimnis«, erwiderte sie. »Stimmt's, Taryn?«

Taryn starrte Jessica nur weiter fasziniert an.

Jessica blinzelte übertrieben. »Haa-tschii!« machte sie und kramte demonstrativ nach einer Packung Papiertaschentücher.

»Jessie, was ist mit dir los?« fragte Elizabeth besorgt. »Du wirst doch nicht etwa krank?«

Jessica riß unschuldig die blaugrünen Augen auf. »Krank? Ich? Ach, habe ich etwa schon wieder geniest? So ein Mist«, fügte sie hinzu und betupfte sich die Nase. »Daran ist wohl immer noch diese blöde Katze schuld.«

»Welche Katze?« fragte Elizabeth mißtrauisch.

»Du weißt schon – Spot, die Katze der Sargents. Ich muß wohl allergisch gegen sie sein oder so was. Jedenfalls muß ich andauernd niesen.« Jessica putzte sich geräuschvoll die Nase und ließ sich dann in den Sand zurücksinken, als hätte der letzte Nieser sie ihrer ganzen Energie beraubt.

»Das ist aber komisch«, meinte Elizabeth. »Ist bei dir nicht vor ein paar Jahren mal ein Allergietest gemacht worden, als du geglaubt hast, gegen Spülmittel allergisch zu sein?«

»Wirklich? Daran kann ich mich gar nicht mehr erinnern«, behauptete Jessica.

Elizabeths blonder Pferdeschwanz wippte auf und nieder, als sie nachdenklich nickte. »Aber *ich* erinnere mich noch. Du hast so lange rumgejammert, allergisch zu sein, und dich um den Abwasch gedrückt, bis Mom dich gezwungen hat, diese ganzen gräßlichen Tests mit dir machen zu lassen. Jedenfalls ist dabei herausgekommen, daß du gegen gar nichts allergisch bist.«

Jessica nahm sich ein frisches Taschentuch. »Es gibt Allergien, die treten ganz plötzlich auf«, behauptete sie. »Meine Allergie gegen Spot muß wohl so ein verspäteter Fall sein.«

Elizabeth sah sie genauer an und lachte. »Den Eindruck habe ich auch«, bemerkte sie trocken.

Jessica schnüffelte leicht. »Liz, ich finde es unheimlich lieb von dir, daß du diesen Samstag auf Sam aufpaßt. Haben die Bennets auch ganz bestimmt nichts dagegen?«

»Überhaupt nichts«, erwiderte Elizabeth und nahm wieder ihren Brief in die Hand. »Sie gehen zwar aus, aber sie hatten sowieso vor, Taryn mitzunehmen.«

Taryn nahm ein Stöckchen und begann, damit im Sand zu malen. »Ich will aber nicht mitgehen«, flüsterte sie vor sich hin.

»Was hast du gesagt, Taryn?« fragte Elizabeth.

Taryn schüttelte den Kopf und weigerte sich zu antworten.

»Jedenfalls gibt es da keine Probleme«, wandte Elizabeth sich wieder an Jessica. »Ich komme dann gegen acht zu den Sargents rüber.« Sie runzelte die Stirn und wechselte das Thema. »Gestern abend hat mich Mom angerufen. Ich hatte den Eindruck, daß sie uns ehrlich vermißt.«

Jessica seufzte. »Ich vermisse sie auch.« Wieder schnüffelte sie laut. »Ich habe es ja so schwer bei den Sargents, Liz. Ehrlich, ich übertreibe nicht. Stell dir mal vor, jeden Morgen muß ich um sechs Uhr aufstehen und ständig Windeln wechseln ...«

»Wessen Idee war denn das Ganze?« unterbrach Elizabeth sie.

Jessica schwieg einen Augenblick. »Weißt du, ich glaube nicht, daß ich besonders gut mit Babys umgehen kann«, meinte sie dann und zupfte sich eine winzige Möwenfeder von ihrem blauen, übergroßen T-Shirt, das sie an der Hüfte geknotet über ihrem Bikini trug. »Ehrlich gesagt, macht es mir sogar ein bißchen Angst, für Sam sorgen zu müssen. Mir wäre viel wohler, wenn ich mich um ein etwas älteres Kind kümmern könnte.«

»Ich bin sicher, daß du deine Sache mit Sam sehr gut machst«, versicherte Elizabeth ihr mit einem Lächeln. »Ich würde mir an deiner Stelle nicht so viele Gedanken machen, Jessie. Es ist doch nur ein Ferienjob. Enid scheint übrigens ihre Ferien auch zu genießen«, fügte sie hinzu, weil sie über etwas anderes reden wollte.

»Aber ich habe richtig Angst um ihn«, fuhr Jessica ungerührt fort. »Ich meine immer, daß ich ihn irgendwann bestimmt mal fallenlasse!«

Elizabeth schüttelte den Kopf. »Jessie, gib dir keine Mühe. Es nützt nichts«, sagte sie unnachgiebig, steckte Enids Brief ein und holte ihr Buch hervor.

»Die Sargents sind ja richtig literaturbegeistert.« Jessica sah über Elizabeths Schulter in ihr Buch. »Ich fürchte, sie sind ganz enttäuscht, daß sie sich nicht mit mir über Literatur unterhalten können. Vielleicht ...«

»Jessie!« warnte Elizabeth sie.

Taryn hatte dem ganzen Wortwechsel aufmerksam zugehört. Jetzt kam sie herüber, stellte sich neben Jessica und legte ihr schüchtern eine Hand auf den Arm. »Jessie«, bat sie, »erzähl mir doch noch ein Geheimnis.«

Überrascht sah Jessica sie an. »Na gut«, stimmte sie zu. Sie überlegte kurz, dann legte sie ihr die Hand auf den Kopf. »Es war einmal ein ganz, ganz böses kleines Mädchen, das Taryn hieß«, begann sie, und Taryn kicherte entzückt. »Sie war so böse, daß sie sich in eine Ein-Dollar-Note verwandelte, und bevor sie überhaupt wußte, wie ihr geschah, kam jemand vorbei und gab sie einfach aus!«

»Erzähl mir noch eins!« bettelte Taryn.

Fasziniert beobachtete Elizabeth die beiden. »Jessie, willst du mir dein Geheimnis nicht auch mal verraten?« fragte sie.

Jessicas Augen blitzten. »Taryn und ich haben eben dieselbe Wellenlänge, stimmt's, Taryn?« antwortete sie.

Das kleine Mädchen nickte nachdrücklich, und Jessica fühlte plötzlich neue Hoffnung in sich aufsteigen. Daß Elizabeth sich nicht würde überreden lassen, ihr, Jessica, zuliebe den Job zu tauschen, war ganz klar geworden.

Aber was war, wenn Jessica ihre Schwester überzeugen konnte, daß es für Taryn besser wäre, wenn Jessica für den restlichen Sommer bei den Bennets blieb?

8

»Du machst deine Sache ganz gut«, rief Ben. Er schüttelte den Kopf und lachte, als dabei Wassertropfen in alle Richtungen spritzten.

»Danke«, erwiderte Lillian und lief durch die Wellen an den Strand, wo Ben auf sie wartete. Sie verzichtete darauf, ihm von dem Intensivkurs zu erzählen, den sie im vergangenen Sommer mitgemacht hatte, um Windsurfen zu lernen. Lieber ließ sie Ben in dem Glauben, daß er ein ausgezeichneter Lehrer war und sie selbst eine besonders begabte Schülerin.

Bewundernd betrachtete Lillian Bens braungebrannte Gestalt. Er sah wirklich unheimlich gut aus – besser als mancher Junge, mit dem Lillian früher ausgegangen war. Auf jeden Fall war er aber erheblich kultivierter. Die ganze Zeit hatte er sie mit Anekdoten über sein aufregendes Leben in San Franzisko unterhalten. Kein Zweifel, dachte Lillian, daß Sweet Valley da nicht mithalten konnte.

»Hättest du nicht Lust, heute abend mit mir ins Kino zu gehen?« fragte sie ihn ein paar Minuten später, als sie nebeneinander auf ihren Badelaken lagen und sich von der Sonne trocknen ließen. Lillian achtete darauf, sich so hinzulegen, daß ihre Beine besonders gut zur Geltung kamen. Sie stellte fest, daß sie von den vielen Stunden am Strand schon richtig schön braun geworden war.

Ben räusperte sich. »Heute abend? Äh – heute abend geht es schlecht. Mein Auto ist nämlich in der Werkstatt«, fügte er eilig hinzu.

Lillian zog die Augenbrauen hoch. »Wir können ja mein Auto nehmen«, bot sie an.

Zunächst antwortete Ben nicht.

»In Ordnung«, gab er schließlich nach. Aber irgend etwas stimmte nicht, doch Lillian konnte sich nicht vorstellen, was.

»Wir könnten aber auch einfach einen Spaziergang miteinander machen«, schlug Ben plötzlich vor und strahlte sie an. »Im Moment laufen sowieso keine guten Filme in der Stadt.«

Lillian war verlegen. Offenbar hatte Ben schon die zwei Filme gesehen, an die sie gedacht hatte. »Gern«, stimmte sie schnell zu. »Wir können uns ja wieder hier treffen. Dann machen wir einen schönen langen Spaziergang am Wasser entlang.«

Ben schien erleichtert zu sein. »Weißt du, ich glaube, wir zwei passen sehr gut zusammen«, sagte er heiser, drehte sich zu ihr und blickte ihr tief in die Augen. »Du bist ein Mädchen, das lieber im Mondschein spazierengeht, statt in irgendeinem Kleinstadtkino herumzusitzen.«

Lillian machte den Mund auf, um Malibu zu verteidigen, aber bevor sie ein Wort sagen konnte, war Ben nähergekommen. Als nächstes spürte sie, wie seine warmen Lippen ihren Mund streiften, und Lillian dachte nicht länger an Malibu und die Kinofilme, sondern nur noch daran, wie unglaublich süß Bens Kuß war.

Mit einem Mal fand sie, daß er völlig recht hatte. Im Mondschein spazierenzugehen war hundertmal reizvoller, als im Kino zu sitzen und einen Film anzusehen!

»Das scheint ja ein Super-Typ zu sein«, sagte Jessica. Sie und Lillian hatten es sich in dem engen Wohnzimmer der Sargents vor dem Fernseher bequem gemacht. Lucy und Josh besuchten Lucys Eltern, und Jessica paßte auf den kleinen Sam auf, der nach einem langen Tag wohltuend erschöpft und gerade eingeschlafen war. »Geht er in San Franzisko zur High School oder aufs College?«

»Das hat er mir nicht erzählt.« Lillian nahm sich von den Kartoffel-Chips. »Aber ich bin mir ziemlich sicher, daß er schon ein Freshman am College ist. Er macht wirklich einen reifen Eindruck, Jessica. Er ist nicht so kindisch wie diese High-School-Typen.«

»Wann wollt ihr euch denn wieder treffen?« Jessica war ganz aus dem Häuschen wegen Lillians neuester Romanze. »Ich finde, du solltest ihn morgen zu Cliffs Party einladen!«

»Wir treffen uns heute abend um neun Uhr am Strand«, erwiderte Lillian selig. »Dann werden wir uns bestimmt wieder verabreden. Aber ich bin mir nicht so sicher, ob er sich auf Cliffs Party wohlfühlen würde. Er ist schon sehr erwachsen.«

Jessica runzelte die Stirn. »Ist er vielleicht langweilig?«

»Nein, das wollte ich damit doch nicht sagen.« Lillian beschrieb Bens Reaktion, nachdem sie vorgeschlagen hatte, ins Kino zu gehen. »Ich glaube nur, daß er für so gewöhnlichen Kram nicht viel übrig hat«, schloß sie. »Er ist schrecklich romantisch.«

»Na ja«, meinte Jessica. »Moment mal. Soll das etwa heißen, daß du morgen abend nicht mit zu der Party kommst?«

Lillian zuckte mit den Schultern. »Wahrscheinlich doch«, antwortete sie. »Es sei denn, Ben hat schon etwas anderes vor. Aber ich finde, am Anfang sollte man sowieso nichts überstürzen. Besonders nicht mit jemandem, der schon soviel herumgekommen ist wie Ben.«

Jessica grinste. »Wenn man dich so hört, könnte man meinen, er wäre schon fünfzig!« Persönlich konnte sich Jessica nichts Schlimmeres vorstellen als einen Typ, der schon zu alt war, um noch an Parties und Kinofilmen Spaß zu haben. Sie selbst konnte jedenfalls Cliffs Party kaum noch erwarten!

Ihr neues Kleid hing in dem kleinen Schrank in Sams Zimmer und wartete nur darauf, das sie es am nächsten Abend anzog. Sie wußte, daß sie unwiderstehlich darin aussehen würde. Sie hatte schon eine sehr schöne Farbe bekommen, und das cremige Weiß des Kleides würde ihre Bräune hervorragend zur Geltung bringen.

Jessica hatte Cliff nur noch einmal nach ihrer ersten Begegnung am Strand gesehen, und zwar an diesem Vormittag. Sie hatte Sam im Kinderwagen spazierengefahren und hatte sich dann ganz plötzlich dazu entschlossen, mit dem Kleinen in die Stadt zu gehen.

Lucy hatte erwähnt, daß sie ein paar Sachen aus dem Supermarkt brauchte. Und da Jessica fest daran glaubte, daß sie nicht mehr lange bei den Sargents blieb, hatte sie sich gedacht, daß sie sich einen Anfall von Großzügigkeit ruhig leisten konnte, und so hatte sie Eier und Butter von ihrem eigenen Geld gekauft. Als sie halbwegs die Lebensmittelabteilung durchquert hatte, war ihr plötzlich Cliff mit einer Sechserpackung Limonade unter dem Arm entgegengekommen.

»Hi!« Cliff lächelte sie breit an. »Ich weiß genau, daß du Jessica bist«, bemerkte er scherzhaft. »Es sei denn, Taryn ist um einiges geschrumpft.«

»Darf ich vorstellen – Sam Sargent«, sagte Jessica, wobei sie sich bückte, um Sams nacktes Füßchen zu kitzeln. Sam gab ein brabbelndes Geräusch von sich. Jessica war ganz verlegen, daß sie Cliff ausgerechnet in einer solchen Umgebung wiederbegegnen mußte. Sie kam sich richtig albern vor mit dem Kinderwagen und dem Körbchen voller Lebensmittel. Aber Cliff war unheimlich nett zu ihr.

»Du hast doch hoffentlich immer noch vor, morgen abend zu kommen, oder?« fragte er. Er nahm ihr den Korb ab, und zusammen gingen sie nach vorn zur Kasse.

Jessica nickte. Auf einmal war sie ein bißchen verlegen geworden. »Ich freue mich schon darauf«, antwortete sie und wünschte, sie hätte etwas Schickeres angezogen. In ihren weißen Shorts und dem Sonnentop kam sie sich vor wie eine graue Maus.

Aber Cliff schien sich daran überhaupt nicht zu stören. »Da bin ich aber froh«, stellte er fest und lächelte sie an, ohne den Blick von ihr zu wenden. »Schade, daß du nicht auch mitkommen darfst, Kleiner«, fügte er hinzu und strich Sam über das Köpfchen. »Aber ich freue mich, daß du diesen Sommer ein so nettes Kindermädchen hast.«

Nach dieser Bemerkung hörte Jessica den ganzen Tag nicht mehr auf zu strahlen. Den nächsten Abend konnte sie kaum noch erwarten. Sie stellte sich vor, wie schön sie in ihrem neuen Kleid aussehen würde, und wie sie verträumt in Cliffs Armen tanzte. Was für ein Gefühl es wohl sein mochte, wenn er sie zum ersten Mal küßte ...

»Du hörst mir überhaupt nicht zu«, beklagte sich Lillian.

Erschrocken zuckte Jessica zusammen. »Tut mir leid«, entschuldigte sie sich. »Ich hab's nicht böse gemeint. Was hast du eben gesagt?«

»Ich habe dich etwas gefragt, und zwar, wie es mit dem Jobtausch aussieht.« Lillian schob sich noch eine Handvoll Kartoffel-Chips in den Mund. »Hat dein Allergie-Trick geklappt? Kontest du Liz damit zu Tränen rühren?«

»Es war ein totaler Reinfall«, erwiderte Jessica gutgelaunt. »Ehrlich. Sie hat mir nicht ein einziges Wort geglaubt. Ich hatte ganz vergessen, daß ich vor ein paar Jahren einmal einen ganzen Allergietest durchlaufen mußte. Ich war noch nicht einmal gegen eine Plüschkatze allergisch!«

Lillian lachte. »Und was willst du jetzt unternehmen? Erzähl mir bloß nicht, daß du dich damit abfinden willst, den ganzen Sommer hier zu verbringen.« Mit einer Grimasse betrachtete sie das winzige Wohnzimmer.

Jessica sah entsetzt aus. »Was? Soll ich etwa zulassen, daß Liz Tür an Tür mit Cliff wohnt, ohne sich das Geringste aus ihm zu machen? Das wäre doch wirklich zu ungerecht! Nichts da. Ich habe schon einen neuen Plan.«

»Was hast du denn diesmal vor? Willst du dich vielleicht bei den Bennets einnisten, behaupten, du seist Liz und erklären, sie hätte Gedächtnisschwund oder so?«

Jessica zwinkerte ihr zu. »Das ist gar keine schlechte Idee«, bemerkte sie und langte nach ihrer Limodose.

Lillian schüttelte den Kopf. »Weißt du eigentlich, daß du total verrückt bist?«

»Nein, diesmal werde ich ganz ohne Tricks mein Ziel erreichen«, verkündete Jessica. »Zufällig hat es sich erwiesen, daß ich hervorragend mit Kindern umgehen kann, besonders mit total verzogenen Sechsjährigen. Taryn Bennet ist offenbar ganz verrückt nach mir.«

»Ehrlich?« Lillian staunte.

»Ehrlich. Gestern habe ich ihr ein paar alberne kleine Geschichtchen aufgetischt – so ähnliche, wie sie mein Dad früher immer Liz und mir erzählt hat – und sie war ganz verrückt danach! Jedesmal, wenn sie mich sieht, bettelt sie mich um eine neue Geschichte an.«

»Und wie willst du Liz überreden, mit dir den Job zu tauschen?«

»Na ja, ich brauche nur so weiterzumachen und Liz selbst sehen zu lassen, wie sehr Taryn mich braucht und an mir hängt.« Jessica lächelte. »Vielleicht hat Elizabeth keine Lust, mit mir zu tauschen, um *mir* einen Gefallen zu tun. Aber sie würde es nie fertigbringen, ein kleines armes Mädchen leiden zu lassen. Verstehst du?«

Lillian nickte voller Bewunderung.

»Du könntest Taryn sogar dazu bringen, dich zu unterstützen«, schlug sie vor. »Sag ihr, sie soll Liz um Geschichten anbetteln und ihr dann erzählen, daß sie längst nicht so schön sind wie deine. Nur keine Hemmungen!«

»Keine Sorge«, versicherte ihr Jessica. »Bis zum Vierten Juli habe ich es geschafft, daß ich bei den Bennets bin, und Elizabeth ist hier.«

Jessicas Gesichtsausdruck machte Lillian klar, daß sie das Thema als beendet betrachtete, Jessica Wakefield gehörte zu den raffiniertesten Mädchen, die sie je kennengelernt hatte. Und wenn jemand in einer solchen Situation seinen Willen durchsetzen konnte, dann war es Jessica!

»Ben?« rief Lillian leise. Sie wurde nervös, denn am Strand war es dunkler, als sie erwartet hatte, und außer dem Plätschern der Wellen hörte sie keinen Laut. Dann sah sie, daß sich eine Gestalt aus den Schatten löste. Ihr Herz schlug schneller.

»Hier bin ich«, rief Ben fröhlich. »Ich freue mich ja so, daß du gekommen bist«, fügte er hinzu, legte den

Arm um sie und zog sie an sich. Lillian wurde ganz schwindelig.

»Ben, ich will mit dir reden«, sagte sie plötzlich und trat einen Schritt von ihm weg.

»Worüber denn?« fragte er. »Der Abend ist doch viel zu schön, um zu reden.«

Lillian fröstelte leicht. Vom Meer wehte eine kräftige Brise, und sie bedauerte, daß sie keine Jacke mitgenommen hatte.

»Eigentlich weiß ich kaum etwas von dir«, meinte sie zögernd. Sie wußte nicht recht, wie sie es anfangen sollte, aber sie wollte gern etwas mehr über ihren geheimnisvollen Freund erfahren.

»Gehst du in San Franzisco aufs College?«

»Nein«, antwortete er widerstrebend.

An seinem Ton merkte Lillian, daß er am liebsten das Thema gewechselt hätte, aber ihre Neugier war jetzt erwacht, und jetzt dachte sie gar nicht mehr daran, locker zu lassen. »Was machst du denn? Arbeitest du?«

Ben zögerte, dann erwiderte er: »Nein, ich gehe noch zur Schule.« Es war ihm offensichtlich peinlich, das zuzugeben.

»Zur Schule? Meinst du, du bist noch in der High School?« Überrascht und enttäuscht riß Lillian die Augen auf. Doch gleich tröstete sie sich, daß dies noch lange kein Weltuntergang war. Immerhin wirkte er doch schon sehr erwachsen. Vielleicht hatte man ihn ja für ein oder zwei Jahre zurückgestellt, und er war wirklich schon achtzehn oder neunzehn. »Daran ist doch nichts Schlimmes«, zog sie ihn auf.

»Ich gehe auch noch zur High School. Ich habe gerade mein Junior-Jahr beendet.«

Ben legte wieder die Arme um sie. »Komm, laß uns doch über andere Dinge reden.«

Lillian grinste und hielt ihn auf Abstand. »Erst, wenn du mir verraten hast, in welchem Schuljahr du bist«, forderte sie ihn heraus. Zu ihrem Entsetzen nahm Ben sofort wieder seine Hände von ihren Schultern und trat einen Schritt zurück, den Kopf gesenkt.

»Ich wußte ja, daß du dahinterkommen würdest«, antwortete er niedergeschlagen. »Ich habe es mir schon gedacht, als du wolltest, daß wir miteinander ins Kino gehen. Ich dachte, du hättest gleich Bescheid gewußt, als ich nicht mitkommen wollte.«

»Bescheid? Worüber denn?«

»Daß ich nicht autofahren kann«, erwiderte Ben. »Dazu bin ich noch nicht alt genug.«

»Noch nicht alt genug?« Wie vom Donner gerührt, starrte Lillian ihn an. »Was – was willst du damit sagen, Ben?«

»Ich komme jetzt erst ins Junior-Jahr.« Ben seufzte. »Schau mal, ich habe schon immer älter gewirkt, als ich bin. Aber ich werde erst im September sechzehn. Ich habe ein Schuljahr übersprungen, weil ich auf einer besonderen Privatschule war, also …«

»Du bist erst fünfzehn?« Lillian konnte es nicht fassen. »Warum hast du mir das nicht gleich gesagt?«

»Moment mal«, erwiderte Ben verärgert. »Du hast mich ja nicht danach gefragt. Ich habe dich nicht belogen, Lillian. Ehrlich gesagt, macht es mir überhaupt nichts aus, jünger zu sein als du. Ich hatte nur Angst, daß du so reagieren würdest – und jetzt bin ich enttäuscht, weil ich dich wirklich mag. Ich meine, wir könnten eine schöne Zeit miteinander verbringen, wenn du das Ganze nicht so eng sehen würdest! So wichtig ist mein Alter doch nun auch wieder nicht, oder?«

Lillian spürte, wie sie blaß wurde. »Vielleicht hast du recht«, flüsterte sie. »Es macht wohl wirklich nicht soviel aus ...« Unsicher brach sie ab.

Bens Gesicht erhellte sich. »Ich wußte doch, daß du ein tolles Mädchen bist.« Er umarmte sie ganz fest. »Und wußte auch, daß ich mich auf dich verlassen kann.«

Lillian sagte erst einmal gar nichts. Sie mochte Ben wirklich, und es erschien ihr idiotisch, mit ihm bloß wegen seines Alters Schluß zu machen. Aber was würde Jessica dazu sagen? Lillian wünschte, sie hätte nicht so großartig mit ihren Vorstellungen von reifen Männern herumgetönt, und hatte sie nicht auch behauptet, daß alle High-School-Jungen kindisch waren? Bestimmt würde Jessica ihr deswegen die Hölle heiß machen. Wahrscheinlich würde sie sie bis in alle Ewigkeit damit aufziehen.

Es sei denn ...

»Ben«, meinte Lillian plötzlich und sah ihm in die Augen, »was würdest du sagen, wenn ich dich um einen ganz großen Gefallen bitte?«

»Dein Wunsch sei mir Befehl«, erwiderte er mit einer spöttischen Verbeugung.

»Meine Freundinnen sind ein bißchen komisch,

wenn es um das Alter eines Jungen geht«, fuhr Lillian entschuldigend fort. »Ich hätte gern, daß du mit mir morgen abend auf eine Party gehst, aber meine beste Freundin, Jessica, wird auch dort sein, und sie würde Zustände bekommen, wenn sie hörte, wie alt du bist. Würde es dir sehr viel ausmachen, so zu tun, als wärst du schon achtzehn oder neunzehn? Nur vor Jessica?«

»Was für eine Party ist das denn?« fragte Ben amüsiert.

»Sie findest bei einem Typ statt, der Cliff Sherman heißt. Wieso fragst du?«

»Ganz einfach.« Ben strich Lillian eine Locke ihres glänzenden Haars aus der Stirn. »Zufällig bin ich der Ehrengast dieser Party. Cliff ist einer meiner besten Freunde. Wir sind als Kinder zusammen ins Ferienlager gefahren, und ich wohne für die nächsten paar Wochen bei ihm zu Hause. Ich glaube kaum, daß es viel nützen wird, wenn ich ausgerechnet auf seiner Party behaupte, vier Jahre älter zu sein, als ich es wirklich bin!«

Damit war Lillians einzige Hoffnung zerstört. Sie hätte es sich ja gleich denken können. Endlich hatte sie einen wundervollen Jungen kennengelernt, und nun konnte sie mit ihm nicht einmal vor ihren Freundinnen angeben. Nicht auszudenken, was passierte, wenn Jessica erfuhr, daß der Traummann ihrer Freundin jung genug war, ihr kleiner Bruder zu sein.

Wenn sich Lillian in den nächsten vierundzwanzig Stunden nicht eine ganze raffinierte Geschichte einfallen ließ, mußte sie damit rechnen, daß ihr Geheimnis von Jessica auf Cliffs Party gelüftet wurde!

9

Am Samstagabend um halb acht packte Elizabeth ihre Sachen zusammen, um sich auf den Weg zu den Sargents zu machen. Sie zog sich ihre dunkelblaue Strickjacke über. Ein kurzer Blick in den Spiegel bestätigte ihr, daß sie gut aussah. Die Sonne hatte ihrer Haut einen weichen braunen Schimmer verliehen, und die Bluse und der Rock aus weißer Baumwolle brachten ihre Farbe gut zur Geltung.

Sie überlegte kurz, wie wohl Cliffs Party an diesem Abend werden würde. Aber sie war froh, Jessica einen Gefallen tun zu können und freute sich sogar darauf, einen ruhigen Abend zu verbringen. Es tat ihr leid, wie sich Jessicas Job entwickelt hatte, und obwohl sie nicht die Absicht hatte, mit ihr zu tauschen, bedauerte sie ihre Zwillingsschwester aufrichtig. Wenigstens konnte sie ihr ein bißchen helfen, indem sie an diesem Abend auf Sam aufpaßte.

»Ich hoffe, Sie haben einen schönen Abend«, sagte sie höflich zu Audrey Bennet, als sie bei Taryn vorbeischaute, um sich zu verabschieden.

Audrey bürstete ihrer Tochter gerade das Haar. Wie immer, sah sie atemberaubend schön aus. Ihr Haar war zu einem lockeren Knoten frisiert, und ihr schwarzes, schulterfreies Kleid ließ sie noch größer und schlanker erscheinen als üblich.

»Bestimmt«, erwiderte Audrey Bennet freundlich. »Ich hoffe nur, daß Sie sich nicht allzu sehr langweilen bei den Sargents – sehr viel werden Sie mit Ihrem freien Abend nicht anfangen können, oder?«

Elizabeth zuckte mit den Schultern und lächelte. »Mir macht das nichts aus«, sagte sie. Wehmütig blickte sie auf Taryn, deren Gesichtchen ihr vom Spiegel an der hinteren Wand entgegensah. Wie unglücklich das Mädchen wirkte! Wie immer wünschte sich Elizabeth, sie könnte Taryn irgendwie näherkommen und ihr zeigen, daß sie ganz auf ihrer Seite stand.

»Viel Spaß, Taryn«, sagte sie lahm.

Zu ihrer Überraschung brach Taryn daraufhin in Tränen aus. »Ich will heute abend nicht weggehen. Mummy, ich will nicht weg!«

Unbeholfen tätschelte Mrs. Bennet ihr die Schulter und lächelte Elizabeth sichtlich verlegen an. »Sie ist nur ein bißchen müde, weiter nichts«, meinte sie, als müßte sie sich für ihre Tochter entschuldigen.

Elizabeth wünschte beiden gute Nacht und trat dann in den Flur hinaus. Was für ein trauriges kleines Mädchen! Wenn sie doch nur ...

Beinahe wäre sie mit Malcolm Bennet zusammengestoßen, der ihr mit einem Drink in der Hand und einem seltsamen Gesichtsausdruck entgegenkam. »Sind die beiden denn immer noch nicht fertig?« rief er ungeduldig. »Du liebe Güte, Audrey verbringt schon genügend Zeit damit, sich selbst anzuziehen, da braucht sie die gleichen Unarten nicht auch noch Taryn beibringen!«

Elizabeth wußte nicht, was sie darauf antworten sollte. »Entschuldigen Sie bitte«, brachte sie mühsam hervor und ging an Mr. Bennet vorbei. Sie konnte nicht fassen, wie Malcolm Bennet über seine Frau sprach. Sie fand es schrecklich, mit welcher Kälte sich diese Eheleute gegenseitig behandelten!

Da Jessica an diesem Abend den Fiat benutzte, wurde Elizabeth von Josh Sargent abgeholt. Sie empfand es als wohltuende Abwechslung, einen Abend im Haus bei den Sargents verbringen zu können. Auch wenn in ihrer kleinen Wohnung alles drunter und drüber ging, erfüllten Josh und Lucy ihr Haus mit Wärme und Herzlichkeit. Jessica war mit Lillian schon zu Cliffs Party aufgebrochen, und Lucy machte sich gerade selbst zum Ausgehen bereit.

»Ich finde es unheimlich lieb von dir, heute abend zu uns zu kommen. Ich weiß nicht, was wir ohne deine Hilfe getan hätten. Jessica hatte sich so sehr auf Cliffs Party gefreut, und ich hätte sie wirklich nicht gern enttäuscht«, sagte Lucy herzlich.

»Ich bin sehr gern gekommen«, versicherte Elizabeth ihr.

Lucy schrieb ihr die Telefonnummer auf, unter der sie und Josh im Notfall zu erreichen waren, und führte Elizabeth durch das ganze Haus, um ihr alles Nötige zu zeigen.

»Und hier das Wichtigste – der Kühlschrank«, meinte Lucy zum Schluß und lächelte. »Nimm dir ruhig von dem Schokoladenkuchen und überhaupt von allem, wozu du Lust hast. Gegen Mitternacht kommen wir wieder nach Hause.«

»Hast du Liz schon von Jamie erzählt?« fragte Josh, der in der Tür stand und sich die Krawatte band.

»Ich dachte, *du* hättest es ihr erzähl!« Lucy schlug sich mit der flachen Hand vor die Stirn und wandte sich an Elizabeth. »Ein alter Freund von uns kommt zu Besuch, nur daß er einen Tag früher ankommt als ursprünglich erwartet – das heißt, heute abend. Er heißt Jamie Galbraith, ist einundzwanzig und wirklich sehr nett. Du brauchst ihn nur hereinzulassen und ihm zu sagen, daß er sich ganz wie zu Hause fühlen soll. Seine Sachen kann er in das Gästezimmer am anderen Ende des Flurs bringen.«

Elizabeth nickte. »Klar«, antwortete sie. Sie fand es ein bißchen schade, daß nun nichts aus ihrem ruhigen Abend mit Lesen und Briefeschreiben wurde, wenn sie sich mit einem Fremden unterhalten mußte. Aber in der Hektik von Lucys und Joshs Aufbruch hatte sie ihre Enttäuschung bald wieder vergessen. Endlich fuhren die beiden in ihrem Toyota davon. Sam schlief wie ein Murmeltier, und in dem kleinen Haus war es vollkommen ruhig. Elizabeth machte es sich mit ihrem Buch in einem Sessel bequem. Schon bald hatte sie sich so darin vertieft, daß sie erschreckt zusammenzuckte, als es eine halbe Stunde später an der Tür klingelte.

Erst als Elizabeth die Haustür öffnete, fiel ihr wieder Jamie Galbraith ein. »Hallo«, begrüßte sie den dunkelhaarigen Jungen, der mit einer Segeltuchtasche vor der Schwelle stand. »Bist du ...«

»Jamie«, unterbrach er sie und lächelte sie an. Elizabeth fand, daß er wie ein typischer Student wirkte.

Er hatte ziemlich kurzes Haar und trug eine Nickelbrille, außerdem ein dunkelblaues Polohemd, verblichene Jeans und ausgetretene Turnschuhe.

»Komm rein«, forderte Elizabeth ihn auf. Sie stellte sich vor und erklärte ihm, daß sie diesen Abend ihre Zwillingsschwester vertrat. »Lucy und Josh haben gesagt, du könntest deine Sachen hier unterbringen«, fuhr Elizabeth fort und lächelte in sich hinein, als sie das Licht im Gästezimmer anknipste. Das Gästezimmer der Sargents war etwa halb so groß wie Taryn Bennets Wandschrank!

»Lucy und Josh sind prima Leute«, stellte Jamie fest und warf seine Segeltuchtasche in die nächste Ecke. »Ich habe keine Ahnung, was ich dieses Wochenende ohne sie angefangen hätte. Eigentlich hatte ich gar nicht vorgehabt, nach Malibu zu kommen. Es war ein ziemlich spontaner Entschluß, und ich konnte keine andere Unterkunft finden.«

»Woher kommst du denn?« fragte Elizabeth. Sie fand Jamie sehr anziehend – zwar war er viel zu alt für sie, aber trotzdem war er ausgesprochen attraktiv.

»Ich bin aus New York, aber ich studiere in Connecticut. Ich bin Junior in Yale.« Er war Elizabeth zurück ins Wohnzimmer gefolgt, und jetzt saßen sie nebeneinander auf der Couch.

»Alle Achtung. Ist Yale nicht furchtbar schwierig?« Elizabeth war beeindruckt. »Was studierst du denn?«

»Englisch«, antwortete Jamie. »Es ist wirklich nicht so einfach«, fügte er hinzu, »aber während des Sommers vergesse ich das meistens lieber.«

Elizabeths Augen leuchteten. »Englisch ist mein

Lieblingsfach«, sagte sie begeistert. »Ich wollte am College auch Englisch als Hauptfach belegen.«

»Wirklich? Wer ist denn dein Lieblingsschriftsteller?« Jamie sah sie aufrichtig interessiert an.

»Das wechselt«, gab Elizabeth zu. »Aber ich lese sehr gern.« Sie zeigte ihm den Roman, den sie gerade las, und war beeindruckt, als sich herausstellte, daß Jamie den Autor tatsächlich persönlich kennengelernt hatte. Sie konnte kaum fassen, wie intelligent und attraktiv Jamie war. Sie ging in die Küche, um etwas von dem Schokoladenkuchen zu holen, und schon bald unterhielten sie sich, als wären sie uralte Freunde.

»Laß uns ein bißchen Musik hören«, schlug Jamie vor, als sie den leckeren Kuchen bis auf den letzten Krümel verputzt hatten.

»Magst du Jazz?« Er sah die Plattensammlung der Sargents durch.

Bewundernd blickte Elizabeth ihn an. »Eigentlich habe ich von Musik nicht sehr viel Ahnung«, gestand sie. »Und du?«

»Ein bißchen«, antwortete Jamie mit dem Rücken zu ihr. »Das hier ist ein sehr schönes Album, Nina Simone.« Er legte die Platte auf, und einen Augenblick später erfüllten die weichen Klänge der Musik den Raum. »Wollen wir tanzen?« fragte Jamie.

Elizabeth wurde rot. »Oh ...«

Er wurde ernst. »Bitte«, sagte er.

Elizabeth lächelte. »Warum eigentlich nicht?« meinte sie leise und trat auf ihn zu. Aus der Nähe duftete er angenehm nach Seife. Als er die Arme um sie legte, schloß sie die Augen. Wie schön es war, so zu tanzen …

»Du«, sagte Jamie leise, legte ihr die Hand unters Kinn und hob ihr Gesicht, so daß sie ihn ansehen mußte, »du bist wirklich süß, weißt du das?«

Elizabeth schluckte. Ihr Hals fühlte sich ganz trokken an.

Sie mußte sich daran erinnern, daß Jamie schon einundzwanzig war, älter als ihr Bruder Steven, und damit für sie viel zu alt. Außerdem hatte sie ja ihren Freund Jeffrey.

Aber warum hämmerte dann ihr Herz wie wahnsinnig?

Ganz plötzlich löste sich Elizabeth aus Jamies Armen. »Ich glaube, ich habe Sam gehört«, behauptete sie und verschwand schnell aus dem Zimmer.

Sie war erschrocken, wie intensiv sie auf den Ausdruck in Jamies Augen reagierte. Liz, laß die Finger von ihm, ermahnte sie sich dann gleich selbst. Erstens ist er viel zu alt für dich, und zweitens hast du schon Jeffrey!

Sam schlief tief und fest; sein Atem ging leise und regelmäßig. Elizabeth zog ihm die leichte Bettdecke zurecht, küßte ihn auf das süß duftende Köpfchen und verließ das Zimmer, wobei sie die Tür hinter sich halb offen ließ.

»Du«, meinte Jamie leise, als sie zurückkam, »ich glaube, ich habe dich erschreckt, Liz. Habe ich recht?«

Elizabeth räusperte sich. »Das Ganze kommt mir

Band 56 034
Vorsicht – ein Junge mit festen Absichten!
Diane und Pete haben sich verlobt, und Jessie findet das unheimlich romantisch, genau wie alle anderen Mädchen an der High School auch. Nur Liz hat ihre Zweifel, ob es gut ist, sich so früh so fest zu binden. Und es scheint, daß sie nicht unrecht hat . . .

Band 56 035
Frischverliebt und ganz schön sauer
Liz, die sonst eigentlich alle Leute mag, kann Julie und Alex auf den Tod nicht leiden. Das Dumme ist nur, daß Alex der beste Freund von Jeffrey ist – und Jeffrey ist sauer, daß seine Freundin Liz nicht netter zu den beiden ist . . .

Band 56 036
Die Love-Story des Jahres?
Was passiert, wenn sich ein nicht so kluges Mädchen in den Klassenbesten verliebt? Elizabeth ahnt Schlimmes, aber Johanna ist fest davon überzeugt, daß Peter ihre Gefühle erwidert . . .

Fragt nach den Bänden aus der Reihe »Sweet Love – Romane um die erste Liebe« bei Eurem Buch- oder Zeitschriftenhändler! Jeder Band kostet DM 4,80.

ein bißchen komisch vor«, erklärte sie. »Ich meine, die Sargents sind nicht zu Hause, und ich ...«

»Du bist das netteste Mädchen, mit dem ich seit langer, langer Zeit gesprochen habe«, antwortete Jamie ernsthaft. »Weißt du, am College lerne ich sehr viele Mädchen kennen – zu viele. Die meisten halten sich für unwiderstehlich und benehmen sich auch dementsprechend. Ich weiß gar nicht mehr, wann ich das letzte Mal jemanden wie dich getroffen habe, ein so liebes, sanftes Mädchen ...«

Elizabeths Herz schien plötzlich zu flattern. »Weißt du, ich bin noch unheimlich jung«, flüsterte sie. »Ich bin erst sechzehn, Jamie. Meinst du nicht ...«

»Weißt du, du hast vollkommen recht«, sagte Jamie plötzlich. »Jetzt ist wirklich nicht die passende Gelegenheit, daß wir zwei uns näher kennenlernen. Nicht nur, weil ich total erschöpft bin. Ich bin heute den ganzen Weg von San Diego hierher gefahren, und wahrscheinlich rede ich jede Menge Unsinn. Außerdem bist du heute hier, um auf den kleinen Sam aufzupassen. Was hältst du davon, wenn wir zwei uns bald mal irgendwo treffen, wo wir uns richtig miteinander unterhalten können?«

Elizabeth wurde rot. Wollte er sich tatsächlich mit ihr verabreden? Ein sechzehnjähriges Mädchen mußte einem College-Studenten doch fast wie ein Baby vorkommen.

»Ich weiß nicht. Ich weiß wirklich ...«

»Bitte«, meinte Jamie nachdrücklich. »Ich kenne hier keine Menschenseele, und ich wäre froh, wenn wir uns noch einmal treffen könnten.«

Elizabeth wußte einfach nicht, was sie erwidern sollte. Sie glaubte nicht, daß ihre Eltern ihr erlaubt hätten, mit einem Jungen in Jamies Alter auszugehen, wenn sie hier gewesen wären.

Aber ihre Mutter hatte ihr gesagt, daß sie diesen Sommer ihre Entscheidungen selbständig treffen sollte. Elizabeth dachte, daß sie ihren Eltern ja davon erzählen konnte, wenn sie am Vierten Juli zu Besuch kamen – wenn sie sich überhaupt noch mal mit Jamie traf. Aber eigentlich sprach überhaupt nichts dagegen. Er war sogar ein außerordentlicher netter Junge. Was konnte schon dabeisein, wenn sie sich mit ihm zu einer Limo oder so traf?

»Also, ich habe montags meinen freien Tag ...«, begann Elizabeth.

»Das ist ja wunderbar!« rief Jamie. »Es gibt ein Lokal direkt am Meer, Lucy und Josh haben mir davon erzählt. Das Beach Café. Da könnten wir uns am Nachmittag zu einer Tasse Kaffee und einem Sandwich treffen, wenn du Lust hast. Was hältst du davon?«

Elizabeth lächelte. »Das fände ich super«, antwortete sie. Sie mußte zugeben, daß ihr der Gedanke, Jamie Galbraith wiederzusehen, wirklich sehr gut gefiel.

Wer hätte gedacht, daß sie als Babysitter einen so aufregenden Abend verleben würde?

10

»Ist das nicht eine irre Party?« fragte Jessica. Mit freudestrahlenden Augen sah sie sich um.

»Ja, sehr schön«, erwiderte Lillian tonlos. Ihr graute vor dem Augenblick, wenn Ben sie entdecken würde. Er würde herüberkommen und anfangen, sich mit ihr zu unterhalten – und Jessica würde im Handumdrehen erfahren, daß Lillian mit einem Fünfzehnjährigen verabredet war.

Jessica strich sich das Haar hinter das eine Ohr. »Sehe ich gut aus?« fragte sie leise, ohne Lillians gequälten Gesichtsausdruck zu bemerken, da sie nur eins im Kopf hatte – den bestmöglichen Eindruck auf ihren Gastgeber zu machen.

»Ja«, antwortete Lillian kurz. »Du siehst genauso gut aus, wie die letzten zehn Mal, als du in den Spiegel geguckt hast.«

»Du liebe Zeit, wer wird denn so schlecht gelaunt sein?« meinte Jessica zuckersüß. »Was ist denn bloß mit dir, Lillian? Ich dachte immer, die Liebe macht beschwingt, aber du siehst aus, als wäre dir eine Laus über die Leber gelaufen.«

Lillian zuckte mit den Schultern.

»Vielleicht wirkt sich die Liebe ja bei jedem anders aus.«

Jessica kicherte. »Na ja, dich scheint sie jedenfalls

schrecklich brummig zu machen. Paß auf«, fügte sie etwas leiser hinzu, »da kommt Cliff.«

Tatsächlich kam Cliff in ihre Richtung geschlendert. Jessica fand, daß er sagenhaft aussah in seinem blütenweißen Hemd zu der Khakihose, so richtig kühl und sommerlich. Ein breites Grinsen lag auf seinem braungebrannten Gesicht. »Jessica! Lillian! Bin ich froh, daß ihr kommen konntet! Na, wie gefällt's euch hier?« fragte er mit einer ausholenden Geste.

»Unheimlich gut«, erwiderte Jessica aufrichtig. Der Strand hinter dem Haus der Shermans war eigens für Cliffs Party hergerichtet worden. Eine transportable Tanzfläche bedeckte den Sand, und eine Liveband spielte die heißeste Rockmusik. Blitzende Lichterketten, die rings um die Tanzfläche aufgespannt waren, beleuchteten mit weißen Tüchern gedeckte Tische, die sich unter Bergen von Leckereien und Softdrinks bogen.

Etwa dreißig Leute standen herum und unterhielten sich oder tanzten. Den atemberaubenden Hintergrund bildete der Pazifik, dessen Wellen gemächlich an den Sand schlugen. Ein strahlender Mond warf seinen weichen Schimmer über das Wasser.

Jessica lief es wohlig den Rücken hinunter. Wie romantisch das alles war!

»Habt ihr zwei schon meinen Freund Ben kennengelernt?« Suchend blickte sich Cliff in der Menge um. »Er ist nämlich der Ehrengast heute abend. Ich würde ihn euch wirklich gern vorstellen.«

Zu Jessicas Überraschung wurde Lillian ganz rot. Ein gut aussehender Typ mit kastanienbraunem Haar kam mit einem Glas in der Hand auf sie zu. Er erschien Jessica irgendwie bekannt, aber sie wußte nicht recht, wo sie ihn unterbringen sollte.

»Da ist er ja schon!« stellte Cliff fest. »Hallo, Ben, komm doch mal her. Du mußt unbedingt diese beiden bildhübschen Mädchen kennenlernen. Jessica, das ist Ben Hogan. Ben, Jessica Wakefield.«

»Hallo«, sagte Jessica und lächelte den Jungen an. Wo hatte sie ihn bloß schon mal gesehen?

»Und dies ist Lillian Fowler«, fuhr Cliff fort.

Lillian, immer noch knallrot, starrte Ben hilflos an.

»Lillian und ich sind alte Freunde, nicht, Lillian?« antwortete Ben und strahlte sie an.

»Ja.« Lillian schluckte. »Jessica, Ben ist der Junge, von dem ich dir erzählt habe.«

Jessica machte große Augen. Also war Lillians geheimnisvoller Bekannter niemand anders als Cliffs bester Freund aus San Franzisko! Sie hatte gesehen, wie sich Lillian mit ihm vor der Boutique in der Palm Mall unterhalten hatte. Kein Wunder, daß er ihr bekannt vorgekommen war.

Im nächsten Augenblick begriff Jessica auch, weshalb Lillian sich die ganze Zeit so komisch benommen hatte. Hatte Cliff nicht erwähnt, daß sein Freund jünger war als er selbst? Jesscia konnte kaum erwarten, Lillian unter vier Augen darüber auszufragen.

Aber im Moment hatte sie wichtigere Dinge im Kopf. Die Band stimmte die ersten Takte des brandneuen Songs von Tony Sargent an, *»Tonight ist for You, Girl«*, und Cliff forderte sie mit einem strahlenden Lächeln zum Tanzen auf.

Jessica blickte tief in Cliffs Augen, als sie sich gemeinsam zu der Musik bewegten. »Du tanzt sehr gut«, murmelte sie.

»Längst nicht so gut wie du. Habe ich dir eigentlich schon gesagt, wie phantastisch du heute abend aussiehst?« fragte Cliff leise.

Jessica schüttelte den Kopf, und ihr blondes Haar schwang mit. »Nein«, erwiderte sie, ohne den Blick von ihm zu wenden, »das hast du mir noch nicht gesagt.«

»Ich glaube, es gibt vieles, was wir zwei noch nicht zueinander gesagt haben.« Cliff zog sie näher an sich, als die Musik langsamer wurde. Jessica spürte deutlich seinen Herzschlag; aber auch ihr eigenes Herz raste wie verrückt. Sie schloß die Augen und dachte: Dies ist alles zu schön, um wahr zu sein.

Es war ein vollkommener Abend. Hinter sich konnte sie die Brandung hören, eine sanfte Untermalung zu Tony Sargents Liebeslied, das die Band spielte.

»All my life, girl, I've been living for now.
Now it's coming true, girl, I'm telling you how ...«
»Mein ganzes Leben habe ich auf diesen Augenblick gewartet.
Jetzt geht mein Traum in Erfüllung – du wirst es sehen ...«

Es erschien Jessica, als wäre dieses Lied nur für sie und für diesen Abend geschrieben worden. Sie atmete tief durch, als Cliff seine Arme fester um sie legte. Es sah ganz danach aus, als hätte sie einen herrlichen Sommer vor sich.

»Wie ist denn das mit dir und Ben?« Jessica und Lillian befanden sich im Waschraum der Shermans, wo sie sich kämmten und ihr Make-up erneuerten.

Lillian wurde rot. »Zieh mich bloß nicht damit auf«, fuhr sie ihre Freundin an. »Wenn man einen Jungen wirklich mag, spielt sein Alter keine Rolle!«

Jessica zog die Augenbrauen hoch. »Wie alt ist Ben denn nun, Lillian? Sechzehn?«

Wütend bearbeitete Lillian ihr seidiges Haar mit der Bürste. »Es ist doch völlig egal, wie alt er ist«, fuhr sie Jessica an. »Ich sage dir, Jessica, hör auf, mich damit zu nerven!«

»Wer hat denn ständig davon geredet, ältere Typen kennenlernen zu wollen?« erinnerte Jessica sie. »Wer hat denn ständig behauptet, daß High-School-Jungen alle Babys sind?«

»Ben ist aber anders. Er – er ist sehr reif für sein Alter!«

Jessica konnte ihre Belustigung kaum verbergen. »Bestimmt ist er das«, meinte sie beschwichtigend. »Mach dir darum keine Gedanken, Lillian. Dein kleines Geheimnis ist sicher bei mir aufgehoben.«

Lillian schäumte innerlich vor Wut. Sie kannte Jessica. Wenn man ihr ein Geheimnis anvertraute, konnte man genauso gut eine große Anzeigenkampagne starten. »Ich empfehle dir wirklich, den Mund darüber zu halten, Jessie, oder ich ...«

»Oder was?« fragte Jessica spöttisch. »Sagst du Ben, er soll seinen großen Bruder auf mich hetzen?«

Lillian drohte Jessica mit ihrer Bürste. »Du hast ja keine Ahnung von der Liebe«, antwortete sie. »Wenn man jemanden wirklich gern hat, kann man über bestimmte Kleinigkeiten eben hinwegsehen.«

»Tatsächlich?« Sorgfältig umrahmte sich Jessica die Augen mit einem grauen Stift. »Hast du mir vielleicht deshalb die letzten Monate in den Ohren gelegen, daß ich meine Zeit mit den High-School-Jungen verschwende?«

Lillian reckte das Kinn vor. »Mit dir kann man nicht reden. Du bist einfach zu kindisch«, verkündete sie, stopfte ihre Schminktasche in ihre Tasche und stürmte aus dem Waschraum.

Jessica konnte sich gar nicht genug über Lillians mißliche Lage amüsieren. Nicht, daß sie ihrer Freundin eins auswischen wollte. Sie war es nur leid, sich Lillians Vorträge über ältere Männer anzuhören. Und dies war genau die passende Gelegenheit, ihr eine kleine Lektion zu erteilen!

Als Jessica wieder bei Cliff auf der Tanzfläche war, verschaffte sie sich noch ein wenig zusätzliche Munition. »Wie alt ist dein Freund Ben eigentlich?« fragte sie Cliff und trank einen Schluck von ihrer Cola.

Cliff lachte. »Willst du etwa für Lillian Informationen über ihn sammeln?«

Jessica tat entrüstet. »Wie kommst du denn darauf?« erwiderte sie unschuldig. »Ich bin nur neugierig. Er sieht aus, als wäre er um die siebzehn.«

»Tja, er ist aber erst fünfzehn«, klärte Cliff sie auf.

»In der Schule ist er eine Stufe unter mir; ich glaube, er hat irgendwann mal ein Jahr übersprungen. Er ist noch ein grüner Junge.«

Jessica wäre fast geplatzt vor Schadenfreude. Es wäre schon schlimm genug gewesen, wenn sich Lillian in einen Jungen ihres Alters verliebt hätte. Aber ausgerechnet in jemanden, der jünger war als sie!

Für Jessica gab es keinen Zweifel, daß es ihrer Freundin nicht schaden konnte, wenn sie sie mit dieser merkwürdigen Verbindung tüchtig aufzog. Und damit wollte sie so bald wie möglich anfangen.

Um halb eins war Jessica wieder bei den Sargents. Der Toyota stand nicht in der Einfahrt, also waren Lucy und Josh noch nicht nach Hause gekommen. Doch das paßte Jessica sehr gut. Sie brannte darauf, Elizabeth alles über Cliffs Party zu erzählen.

Jessica öffnete die Haustür mit ihrem Schlüssel. »Ich bin's«, rief sie leise, als Elizabeth in den Flur kam. »Liz, vielen Dank, daß du heute abend für mich hiergeblieben bist! Die Party hat mir unheimlich gut gefallen!«

»Ich habe es mir auch gutgehen lassen«, bemerkte Elizabeth beiläufig, während sie zusammen ins Wohnzimmer gingen.

»Wem gehören denn diese Sachen hier?« fragte Jessica und zeigte auf den Rucksack und die Jacke, die Jamie auf einem Stuhl liegengelassen hatte, bevor er sich entschuldigt hatte, weil er vor Müdigkeit kaum noch die Augen hatte offenhalten können.

»Ach, die Sargents haben Besuch von einem Freund von der Ostküste. Er ist heute abend angekommen«, erklärte Elizabeth.

Jessica sah überrascht aus. »Ein Freund von der Ostküste? Warum haben sie mir denn nichts davon gesagt?«

Elizabeth zuckte mit den Schultern. »Wie ich Josh verstanden habe, waren sie selbst ein bißchen überrascht. Ich glaube, Jamie war in San Diego und hat sich dann ganz kurz entschlossen, hierher zu kommen.«

Jessica sah ihre Zwillingsschwester aufmerksam an.

»Wie ist er denn?« Sie verzog das Gesicht. »Das hat uns hier noch gefehlt – ein Bewohner mehr in dieser winzigen Bude!«

Elizabeth schwieg. Sie wünschte, sie könnte Jessica erzählen, was an diesem Abend passiert war. Es war lange her, daß jemand in ihr solche Empfindungen geweckt hatte wie Jamie. Aber etwas in ihr riet ihr, ihre Gefühle noch für sich zu behalten. Sie wußte, daß es nicht richtig war, wenn sie sich Montag mit Jamie traf. Ihre Eltern wären sicherlich aufgebracht, wenn sie davon erführen. Es wäre unfair gewesen, Jessica einzuweihen, denn damit wäre sie automatisch zu Elizabeths Mitwisserin geworden. Nein, es war schon besser, wenn sie das Ganze für sich behielt.

»Er ist nett«, sagte Elizabeth nüchtern. »Er ist Junior in Yale – er hat dunkles Haar, trägt eine Nikkelbrille und sieht sehr nett aus, aber er ist mehr ein intellektueller Typ. Außerdem scheint er ziemlich schüchtern zu sein.«

Jessica verdrehte die Augen. »Bestimmt wird er sich die ganze Zeit hinter Büchern verschanzen.«

Elizabeth lächelte.

»Ich habe mich sehr gut mit ihm unterhalten, bis er sich kaum noch wachhalten konnte. Er ist früh schlafen gegangen.«

»Wo schläft er denn?«

»Im Gästezimmer.«

Jessica schnaubte. »Das ist ja reizend. Da hätte ich auch gern gewohnt. Hast du eine Ahnung, was es heißt, nur wenige Zentimeter von einem drei Monate alten Säugling zu schlafen? Nichts gegen Sam, aber er gibt im Schlaf die seltsamsten Geräusche von sich.«

»Erzähl mir doch von heute abend«, forderte Elizabeth sie auf, um das Thema zu wechseln. Ihr hätte nichts Besseres einfallen können.

Jessica biß natürlich sofort an. »Es war die beste Party, auf der ich je war«, schwärmte Jessica. Sie drehte sich um die eigene Achse, daß der weite Rock ihres Kleides flog. »Liz, ich glaube, ich habe mich verliebt!«

Elizabeth grinste.

»Das ist ja etwas ganz Neues«, bemerkte sie trokken. »Kann es sein, daß Cliff Sherman der Glückliche ist?«

»Wie hast du das erraten?« Jessica kicherte. »Ach, Liz, er ist einfach phantastisch. Er ist so nett, so aufmerksam. Wir haben stundenlang miteinander getanzt. Es hat ja solchen Spaß gemacht! Ich habe das

Gefühl, daß ich Cliff demnächst sehr oft sehen werde.«

»Hat es Lillian auch gefallen?«

»Du wirst es nicht glauben.« Jessica setzte sich, stützte die Ellbogen auf die Knie und erzählte Elizabeth genüßlich, was sich zwischen Lillian und Ben abgespielt hatte. »Kannst du das fassen? Nach dem ganzen Quatsch, den sie uns von älteren Männern aufgetischt hat!«

Elizabeth sah Jessie strafend an.

»Also, ich freue mich für sie, daß sie glücklich ist«, antwortete sie.

Jessica winkte ungeduldig ab. »Ich finde, so leicht sollten wir sie nicht davonkommen lassen. So, wie sie sich in letzter Zeit aufgespielt hat, hat man sich in ihren Augen ja schon lächerlich gemacht, wenn man einen Jungen unter achtzehn auch nur mit ›Hallo‹ begrüßt hat.«

Elizabeth spielte nervös mit dem Einband ihres Romans. »Weißt du, ich glaube, es ist ihr auch so schon peinlich genug, Jessie.«

Jessica lachte. »Kaum! Ich werde jedenfalls dafür sorgen, daß es ihr noch ein bißchen peinlicher wird. Übrigens, Liz, nächsten Montag mußt du unbedingt mit uns zum Windsurfing kommen. Ben, Lillian, Cliff und ein Freund von ihnen wollten auch gehen. Der Freund heißt Brent, und Cliff sagt, er ist wirklich nett. Ich habe gesagt, daß ich dich fragen würde, ob du dich anschließen willst.«

Elizabeth überlegte schnell. »Ich glaube nicht, Jessie. Ich habe Taryn schon versprochen, mit ihr am

Montagnachmittag etwas Besonderes zu unternehmen.«

»An deinem freien Tag? Du mußt verrückt sein! Wenn du diesen Sommer nicht ein bißchen Spaß hast, drehst du noch durch!«

Elizabeth fand es gräßlich, Jessica anzulügen, aber sie hatte keine andere Wahl. »Mir macht es nichts aus«, beharrte sie. »Ich möchte sehr gern, daß Taryn mir gegenüber auftaut. Außerdem ist es ja nur dieser eine Nachmittag. Wir haben noch den ganzen Sommer vor uns.«

Jessica war enttäuscht. »Komm doch bitte mit«, bettelte sie. »Ich hätte gern, daß du diesen Brent kennenlernst. Es ist doch ungerecht, Liz. Ich habe Cliff, und Lillian hat Ben. Es wäre nicht fair, wenn du deinen freien Tag ausgerechnet mit Taryn verbringen müßtest!«

»So schlimm ist es wirklich nicht.« Elizabeth fand, daß sie nicht sehr überzeugend klang.

»Ich werde demnächst bestimmt auch jemanden kennenlernen. Mach dir deswegen keine Gedanken, Jessie.«

Jessica sah immer noch ganz bekümmert aus. »Willst du es dir nicht wenigstens überlegen? Ich habe Cliff gesagt, daß ich ihn morgen anrufe, um ihm Bescheid zu sagen.«

Elizabeth richtete sich auf der Couch auf. Sie hörte, daß der Toyota in die Einfahrt einbog. Josh und Lucy kamen nach Hause.

»Ehrlich, Jessie, diesmal geht es wirklich nicht«, sagte sie so überzeugt, wie sie nur konnte.

Elizabeth erkannte, daß ihr Treffen mit Jamie wahrscheinlich noch komplizierter werden würde, als sie zunächst angenommen hatte. Sie haßte es, ihre Schwester anzulügen. Jetzt war sie sich ganz sicher, daß ihr Vorhaben falsch war – grundfalsch. Sie würde Jamie am Montag sagen müssen, daß sie sich nicht weiter mit ihm treffen konnte.

11

»Ein schönes Lokal ist das«, stellte Elizabeth bewundernd fest. Sie nahm einen Schluck von dem leckeren italienischen Zitrusgetränk, das sie sich bestellt hatte. Das Beach Café war ein kleines, ganz in Weiß eingerichtetes Restaurant am Ende eines Piers, und man konnte dort das Gefühl bekommen, über dem glitzernd blauen Wasser des Pazifiks zu schweben. Es gab nur wenige Tische, sechs oder sieben, und um diese Zeit am späten Nachmittag war es praktisch leer. Es war genau der richtige Ort für eine geheime Verabredung.

»Nicht nur das Lokal ist schön«, antwortete Jamie und nahm Elizabeths Hände in seine. Er sah ihr tief in die Augen.

Nervös räusperte Elizabeth sich und zog ihre Hände weg. »Hm, woher kennst du das Lokal denn? Ich dachte, du kennst dich in Malibu nicht so gut aus.«

Jamie zuckte mit den Schultern und lächelte geheimnisvoll. »Kann man denn in deiner Nähe gar nichts für sich behalten, Elizabeth Wakefield?« Sie sah ihn weiter erwartungsvoll an, bis er nachgab. »Josh hat mir davon erzählt, aber das habe ich dir doch schon gesagt, oder? Er und Lucy wissen alles über Malibu, was es zu wissen gibt.«

»Du hast sie schon lange nicht gesehen, stimmt's?« fragte Elizabeth.

Jamie legte den Kopf schief. »Ich komme mir vor wie bei einem Interview«, meinte er belustigt. »Du willst doch wohl nicht meine Geschichte überprüfen, oder?«

Elizabeth wurde ein bißchen rot. »Ich habe halt das Gefühl, nicht allzu viel von dir zu wissen«, gab sie zu. Irgend etwas war anders an Jamie, auch wenn sie nicht genau bestimmen konnte, was es war. Sie hatte keinen Grund zu bezweifeln, was er ihr von sich erzählt hatte. Wahrscheinlich war sie nur übernervös, weil sie ein schlechtes Gewissen hatte, daß sie sich heimlich mit ihm traf.

»Tja, da gibt es nicht viel zu erzählen«, erwiderte Jamie ernsthaft und nahm wieder ihre Hand. »Ich stamme aus einer völlig normalen, typisch amerikanischen Familie aus New York. Mein Dad ist Arzt, meine Mom Hausfrau. Ich habe weder Geschwister noch Haustiere – ich bin also ein ganz alltäglicher Mensch, nur vielleicht ein wenig einsam.«

Elizabeth lächelte ihn an. »Hoffentlich bist du mir nicht böse, daß ich dir so neugierige Fragen stelle. Aber ich habe dir soviel von mir erzählt, von meiner Familie und Jessica und so weiter, daß ich mir auch um dich so meine Gedanken mache.«

»Eins will ich dir noch erzählen«, antwortete Jamie und drückte fest ihre Hand. »Mir ist, als hätte ein neues Kapitel in meinem Leben begonnen, seit du mir bei den Sargents die Tür geöffnet hast.«

Elizabeth senkte den Blick. »Jamie, ich ...«

»Bitte, sag es nicht«, unterbrach er sie sanft. »Liz, ich weiß, was du denkst. Du machst dir Sorgen wegen unseres Altersunterschiedes, stimmt's?«

Elizabeth seufzte. »Einundzwanzig ist ganz schön alt, Jamie«, erwiderte sie. »Aber das allein ist es nicht. Ich bin mit einem Jungen befreundet, den ich zwar noch nicht lange kenne, aber den ich ganz gern mag. Ich weiß nicht, ob es wirklich Liebe ist, aber wir sind nun mal zusammen.«

»Ich bin froh, daß du so ehrlich bist, Liz«, meinte Jamie. »Aber es wäre schlimm für mich, wenn wir uns nicht mehr sehen könnten, Liz. Du bist das Beste, was mir seit langem widerfahren ist.«

Elizabeth schwieg für einen Moment. »Ich mag dich auch – sogar sehr«, sagte sie aufrichtig. »Aber mir kommt es so vor, als würden wir uns etwas aufbauen, das von vornherein zum Scheitern verurteilt ist. Aus unserer Beziehung kann einfach nichts werden. Wenn wir uns weiterhin treffen wollen, muß es unter der Voraussetzung sein, daß es nur für den Moment ist. Verstehst du, was ich meine?«

Nachdenklich sah Jamie sie an. »Ich glaube schon«, erwiderte er dann. »Ich weiß zwar nicht, ob man im Leben alles so kontrollieren kann, aber ich verstehe, was du damit sagen willst.«

»Und noch etwas«, fügte Elizabeth mit Nachdruck hinzu. »Ich möchte nicht, daß jemand etwas davon erfährt. Wenn Jessica hört, daß ...«

»Ach, Jessica scheint in Ordnung zu sein. Ich kann mir nicht vorstellen, daß sie dir jemals in den Rücken fallen würde.«

Elizabeth schüttelte den Kopf. »Ich will nicht, daß sie von uns erfährt, Jamie. Das ist mein voller Ernst. Weißt du, ich habe wirklich ein schlechtes Gewissen bei der ganzen Sache ...«

»In Ordnung«, gab Jamie nach. »Liz, was mich betrifft, möchte ich dich wiedersehen, mit dir zusammensein. Ich bin bereit, alle Bedingungen zu akzeptieren, die du stellst.«

»Gut.« Elizabeth holte tief Luft. »Ich weiß, daß es wirklich nicht sein sollte, aber ich möchte einfach ... Ich weiß nicht, aber ich glaube, ich möchte auch mit dir zusammensein.«

Jamie drückte fest ihre Hand. Sie war wirklich ein ganz besonderes Mädchen. Er wünschte, er hätte die Möglichkeit gehabt, ihr alles zu erklären – von Anfang an. Es war schon verrückt. Er war nach Malibu gekommen, damit ihn bestimmt niemand finden konnte. Und vor allen Dingen wollte er seine Identität geheimhalten.

Und nun hat er jemanden kennengelernt, der ihm wirklich etwas bedeutete. Jemanden, dem er gern die Wahrheit anvertraut hätte. Aber das konnte er nicht. Dafür stand zuviel auf dem Spiel.

Gedankenverloren blickte Jamie auf das Wasser, während er wartete, daß Elizabeth ihren Anruf bei den Bennets zu Hause erledigte. Er hatte schon viel erlebt in seinem Leben, aber nie hätte er sich vorgestellt, daß es so aufregend sein könnte, sich als »normalen« Typ zu verkleiden. Er war davon ausgegangen, daß die paar Wochen, die er bei seinem Cousin in Malibu verbringen mußte, ungeheuer langweilig werden würden. Aber er hatte nicht damit gerechnet, Elizabeth kennenzulernen.

Tony Sargent hatte nie viel von einem gewöhnlichen Leben gehalten – seit seiner Kindheit nicht mehr. Mit elf Jahren hatte er einen Gesangswettbewerb gewonnen und die Möglichkeit erhalten, mit einer Band in einem Radiosender zu singen.

Damit war Tony Sargents »normales« Leben zu Ende gewesen. Plötzlich erhielten seine Eltern Unmengen von Anrufen von irgendwelchen Leuten, die ihnen versicherten, daß ihr Sohn das Zeug zu einem großen Star hätte. Mit dreizehn hatte Tony schon einen Manager und trat in Clubs in Los Angeles auf. Teenager-Zeitschriften zierten ihre Titelseiten mit seinem Bild, und eine Flut von Fanpost setzte ein.

Aber das war erst der Anfang. Tonys Manager, Jody Philips, war ein cleverer Bursche. Er kannte sich im Geschäft aus, und er wußte, daß er an Tony einen echten Star hatte. Bald schon trat Tony Sargent in Talkshows auf. Als nächstes nahm er seine erste Langspielplatte auf, und einer seiner Songs schaffte es, Nummer Eins der Hitparade zu werden. Dann hatte er einen Filmvertrag erhalten.

Tony Sargent war ein Star.

Manchmal konnte er gar nicht glauben, daß das alles so schnell geschehen war. Er war erst siebzehn, und doch hatte er schon vieles, worum andere ihr Leben lang kämpften, wie zum Beispiel Ruhm und viel Geld. Dafür vermißte er aber, was für andere Jungen seines Alters ganz selbstverständlich war – die Möglichkeit, einfach mal auszugehen, mit Freunden herumzuhängen und es sich gutgehen zu lassen.

Ständig war er auf Achse. Mit vierzehn war er von der Schule abgegangen und seitdem von Privatlehrern unterrichtet worden, und allmählich sah es so aus, als würde das College ein hartes Stück Arbeit für ihn werden. Er hatte sich immer gewünscht, eines Tages nach Yale zu gehen und dort Englisch zu studieren, wie »Jamie Galbraith« es tat.

Es war wirklich komisch. Er war nach Malibu gekommen, um sein Leben in Sicherheit zu bringen, und er hatte entdeckt, daß seine »Verkleidung« etwas mehr für ihn bedeutete: Es war eine Chance, sich in jemanden zu verwandeln, der er insgeheim immer hatte sein wollen. Jetzt hoffte er nur, daß Elizabeth nie hinter die Wahrheit kam.

Tonys Schwierigkeiten hatten im vergangenen Jahr begonnen. Er war mehrere Monate auf Tournee gewesen und hatte sich erschöpft und einsam gefühlt. Es war Sommer, und er stellte fest, daß ihm seine Eltern und sein Zuhause in New York doch sehr fehlten. Vielleicht war das der Grund, weshalb er sich mit Lisa eingelassen hatte.

Sie gehörte genau zu der Sorte Mädchen, von der er sich immer ferngehalten hatte – sie war ein Groupie, keine wirkliche Freundin. Sie sprach Tony nach einem Konzert an, und in einem schwachen Moment erklärte er sich einverstanden, noch etwas mit ihr trinken zu gehen. Sie schien ein ganz nettes Mädchen zu sein, aber es stellte sich heraus, daß sie ziemlich miesen Umgang hatte. Dieser gemeinsame Abend war eine der größten Dummheiten, die er je begangen hatte.

Es stellte sich heraus, daß Lisa einen Freund hatte, und zwar einen sehr eifersüchtigen. Ihr Freund saß gerade wegen schwerer Körperverletzung hinter Gittern. Aber das alles erfuhr Tony erst Monate später bei seiner Rückkehr nach Los Angeles. Er bekam plötzlich Drohbriefe und beunruhigende Anrufe. Die Polizei war überzeugt, daß Lisas Freund, Frankie LaSalle, der Urheber war. Frankie war kürzlich aus dem Gefängnis entlassen worden, aber die Polizei hatte bislang nicht feststellen können, wo er sich aufhielt.

Inzwischen hatte sich Tony von seinem Manager zu einigen drastischen Vorsichtsmaßnahmen überreden lassen. An seinem blonden Haar und seinen berühmten blauen Augen wurde Tony natürlich überall erkannt, wo er hinkam. Sein Name war in aller Munde.

Für seine Karriere war das ein wahrer Segen, aber wenn er von einem Halbverrückten verfolgt wurde, hatte er dadurch schlechte Chancen.

Jody war auf die Idee mit Malibu gekommen. Joshs und Lucys Wohnung war das ideale Versteck – ein unauffälliges Haus in einem unbekannten Stadtteil. Dort würde ihn niemand suchen. Jody beauftragte die besten Make-up-Spezialisten von Los Angeles, Tony bei seiner Verwandlung zu helfen. Sein Haar wurde braun gefärbt und kurz geschnitten. Dunkel getönte Kontaktlinsen und eine Nickelbrille veränderten seine Augenfarbe und gaben ihm einen intellektuellen Anstrich.

Also war er als Jamie Galbraith nach Malibu gekommen. Nur sein Agent und seine Privatsekretärin, Julie, wußten, wo er sich befand. Es war alles sehr abenteuerlich, aber die Briefe und Anrufe hatten eins deutlich gemacht: mit Frankie war nicht zu spaßen.

Er wollte Tony dafür umbringen, daß er sich mit seiner Freundin herumgetrieben hatte.

In seiner Verkleidung fühlte sich Tony erstaunlich sicher. Seinen Cousin Josh konnte er gut leiden, und Lucy und den kleinen Sam fand er auch sehr lieb. Dieses Versteckspiel machte viel mehr Spaß, als er für möglich gehalten hätte. Elizabeths Schwester Jessica war ein lustiges, temperamentvolles Mädchen, das man herrlich aufziehen konnte.

Aber am allermeisten gefiel ihm, daß Elizabeth da war.

Er konnte gar nicht fassen, wie schön es war, mit einem Mädchen zusammenzusein, das ihn wegen seiner Persönlichkeit mochte und nicht wegen seines Starruhms. Normalerweise war es für ihn fast unmöglich, jemanden näher kennenzulernen. Entweder flippten die Leute total aus, sobald sie erfuhren, wer er war, oder sie veranstalteten ein lächerliches Theater um ihn.

Aber Elizabeth ... Sie mochte ihn, und zwar um seinetwillen. Sie interessierte sich für seine Ansichten und Gedanken – über Literatur, über die Menschen. Sie bewunderte ihn um seiner selbst willen. Er konnte immer noch nicht glauben, was für ein tolles Gefühl das war.

Und er bewunderte sie auch. Immer hatte er davon geträumt, einem Mädchen zu begegnen, das so natürlich, so offen und schön war wie Elizabeth. Er konnte nur hoffen, daß sie sich auch weiterhin sehen konnten. Wie lange er noch in Malibu bleiben würde, wußte er nicht. Aber eins glaubte er sicher zu wissen: Wenn Elizabeth jemals erfuhr, wer er wirklich war, würde sie nichts mehr mit ihm zu tun haben wollen.

Deswegen mußte er jede einzelne Minute auskosten, die sie gemeinsam verbringen konnten.

»Hör mal, wo hast du denn so gut Windsurfing gelernt?« fragte Jessica neidisch und strich sich ihr nasses Haar aus dem Gesicht. Sie war triefend naß und total außer Atem.

»Ich habe letzten Sommer einen Kurs mitgemacht«, flüsterte Lillian ihr zu. »Aber erzähl es Ben nicht weiter. Er glaubt, daß ich das alles von ihm gelernt habe.«

»Na ja«, antwortete Jessica mit schadenfroh blitzenden Augen, »dafür könntest du ihm ja etwas anderes beibringen. Zum Beispiel könntest du ihm Nachhilfeunterricht in Biologie oder so was geben. Immerhin bist du viel älter und klüger als er!«

»Paß mal auf, Jessie ...«, begann Lillian wütend.

»Hört mal, ihr beiden, kommt ihr nun wieder ins Wasser oder was?« rief Cliff aus dem Wasser, das ihm bis zur Taille reichte.

»Ich habe langsam genug von deinen dämlichen Bemerkungen«, fauchte Lillian. »Es ist mir ernst, Jessie. Laß mich endlich damit in Ruhe.«

»Findest du nicht, daß du schrecklich empfindlich bist?« fragte Jessica honigsüß. »Ich mache doch nur Spaß.«

»Also, ich finde es jedenfalls nicht witzig. Zufälligerweise bedeutet mir Ben sehr viel«, erwiderte Lillian eingeschnappt.

Das ließ sich Jessie durch den Kopf gehen, während sie Cliff zuwinkte, um ihm zu zeigen, daß sie zurückkommen wollten. »Sei bloß vorsichtig«, riet sie ihrer Freundin, als sie ins Wasser zurückwateten. »Bestimmt ist er noch sehr verletzlich. Möglicherweise bist du sogar seine erste Freundin!«

Lillians Augen sprühten Funken. »Halt die Klappe«, zischte sie wütend. »Ich meine es ernst. Ich habe wirklich langsam die Nase voll von dir.«

Lillian war ärgerlicher, als Jessica glaubte. Und um keinen Preis wollte sie sich ihre beginnende Romanze mit Ben von den Gehässigkeiten ihrer Freundin verderben lassen.

12

»Am besten achtest du gar nicht auf ihn«, sagte Jessica leise zu Cliff. Die zwei lagen ausgestreckt auf dem Teppich im Wohnzimmer der Sargents, zwischen sich ein aufgeklapptes Backgammon-Spiel. Sam spielte in der Nähe in seinem Laufställchen, und Jamie Galbraith lief unruhig auf und ab und sah ständig auf seine Uhr.

»Ich bin gleich wieder zurück«, verkündete er schließlich. Ohne sie noch einmal anzusehen, ging er aus dem Zimmer.

»Scheint ein komischer Typ zu sein«, stellte Cliff fest, während er fünf seiner Steine zur nächsten Markierung bewegte. »Was ist los mit ihm?«

Jessica zuckte die Schultern. »Er ist wirklich merkwürdig«, stimmte sie zu. »Ich habe keine Ahnung, was er hier tut – außer, daß er mich total verrückt macht! Ständig schmökert er in der Zeitung oder in diesem bescheuerten Roman, der mindestens eine Million Seiten hat. Oder er hört sich total schräge Musik an. Hoffentlich verschwindet er bald wieder«, setzte sie hinzu und würfelte.

Cliff streichelte ihr die Hand und lächelte. »Heißt das, daß ich nicht eifersüchtig zu sein brauche, weil du so eng mit einem älteren, gebildeten Typ aus Yale zusammenwohnst?«

Jessica riß ihre blauen Augen auf. »Du machst wohl Witze«, protestierte sie beleidigt. »Wie kannst du an so etwas Schreckliches auch nur einen Gedanken verschwenden? Traust du mir denn keinen besseren Geschmack zu?«

»Ich wollte ja nur sichergehen«, erwiderte Cliff leise. »daß du mich immer noch für würdig hältst, deine Zeit mit mir zu verschwenden. Etwas anderes interessiert mich gar nicht.«

Jessicas Herz schlug schneller, als er sich über das Spielbrett zu ihr beugte. »Paß auf!« Seine Hand streifte das Brett, und die Spielsteine purzelten durcheinander. Aber das war Jessica eigentlich egal, und sie wußte, daß es Cliff auch nicht kümmerte.

Im nächsten Augenblick berührten seine Lippen ihren Mund. Sie schlang ihm die Arme um den Nakken und vergrub die Finger in seinem dichten, weichen Haar. Wie angenehm er roch, und wie warm sich seine Lippen anfühlten ...

Jamie räusperte sich, als er wieder ins Zimmer trat, und Jessica bekam einen fürchterlichen Schreck. »Ich störe nicht gern, aber ich wollte dir nur kurz sagen, daß ich wegfahre«, erklärte er kurzangebunden. »Ich habe eine Verabredung in Santa Monica.«

»Alles klar«, gab Jessica genauso kurz zurück. Den wären wir los! dachte sie. Wer immer dieser Jamie Galbraith war, ihr kam er jedenfalls reichlich seltsam vor. Sie konnte kaum erwarten, daß er *endgültig* wieder abfuhr.

»Jamie, findest du es wirklich richtig, daß wir uns hier treffen?« Elizabeth biß sich auf die Lippe und versuchte, ihr schlechtes Gewissen zu beruhigen. Es war gar nicht so einfach für sie gewesen, nach Santa Monica zu kommen. Zunächst hatte sie sich von den Bennets ein Auto borgen müssen – obwohl das erstaunlich einfach gewesen war. Außerdem hatte sie sich von Maria für diesen Nachmittag freigeben lassen müssen.

Elizabeth wußte, daß sie etwas tat, was eigentlich nicht ganz richtig war.

Aber der Gedanke, Jamie wiederzusehen, hatte ihr so viel bedeutet, daß es ihr die Mühe wert gewesen war. Ihre Gefühle für ihn waren so stark, daß sie meinte, platzen zu müssen. Am letzten Abend war sie kurz davor gewesen, Jessica alles anzuvertrauen. Sonst sprachen sie und ihre Schwester immer über ihre Beziehungen. Aber im letzten Moment hatte Jessica eine Bemerkung gemacht, wie blöd sie Jamie fand. All die Dinge, die Elizabeth so sehr an ihm gefielen, fand ihre Zwillingsschwester völlig bescheuert.

Diese Sache mußte Elizabeth einfach allein durchstehen.

»Wir werden uns einen schönen Nachmittag machen – und einen schönen Abend«, versicherte Jamie ihr begeistert. Er legte den Arm um sie und erzählte ihr, was er sich vorgestellt hatte: zuerst einen Spaziergang am Strand, dann ein Abendessen in einem der schönsten Fischrestaurants der Stadt.

»Das hört sich wirklich verlockend an.« Elizabeth

wurde ganz aufgeregt vor Vorfreude. Sie mochte diesen Jungen wirklich unwahrscheinlich gern.

Jamie behielt recht. Es wurde der schönste Abend, den sie sich denken konnten. Es stimmte einfach alles. Der strahlend sonnige Tag ging in einen klaren, kühlen Abend über. Sie hatten Zeit genug, um in der Stadt einen Schaufensterbummel zu machen und später am Strand entlang zu spazieren, bevor sie zu dem Restaurant fuhren. Das Essen dort war ausgezeichnet, aber Elizabeth war von Jamie so fasziniert, daß sie das Essen darüber beinahe vergaß.

Sie war drauf und dran, sich in ihn zu verlieben. Trotz aller ihrer verstandesmäßigen Vorbehalte bekam sie immer mehr das Gefühl, daß Jamie Galbraith für sie der wichtigste Mensch auf der ganzen Welt war.

Sie sprachen einfach über alles – seine Liebe zur Musik, sein Interesse an Büchern und Literatur, seine Reisen. Hier und da erschien es Elizabeth, als hörte sie aus seinen Worten eine gewisse Sehnsucht heraus. Aber dann entschied sie, daß sie sich das nur eingebildet haben mußte.

Der allerschönste Augenblick kam jedoch kurz, bevor sie sich trennten, um nach Hause zu fahren. Sie hatten ihre Autos vor dem Restaurant geparkt, und als Elizabeth widerstrebend die Tür des schwarzen Camaro aufschloß, schob Jamie seinen Arm unter ihren. »Komm, laß uns erst den Mond ansehen«, schlug er leise vor. Er führte Elizabeth zu einer Bank in dem kleinen Garten, der auf einer Klippe angelegt war und zum Restaurant gehörte. Von dort aus konnte man über das Meer blicken. Elizabeth war ganz benommen von der wunderschönen Aussicht, die sich ihr bot. Das Mondlicht schien das sanft bewegte Wasser in flüssiges Silber zu verwandeln. Mit einem dicken Kloß im Hals sah Elizabeth über die glitzernde Fläche, und mit jeder Faser ihres Körpers spürte sie Jamies Nähe.

»Elizabeth«, sagte er leise. Fast andächtig sprach er ihren Namen aus. Er legte ihr die Hand unter das Kinn und hob es an, so daß sie ihm ansehen mußte.

»Ich danke dir für heute abend«, flüsterte er. Und plötzlich lag sie in seinen Armen, küßte ihn und schmiegte sich so fest an ihn, als wollte sie ihn nie wieder loslassen.

»Ist dir in letzter Zeit vielleicht etwas Merkwürdiges an Liz aufgefallen?« Jessica und Lillian lagen am Strand und sahen Taryn zu, die im seichten Wasser herumplanschte. Elizabeth war noch oben im Haus der Bennets. Sie hatte den beiden Mädchen zugerufen, daß sie in ein paar Minuten nachkommen würde.

»Eigentlich nicht. Was meinst du denn?« Lillian blickte ihre Freundin verwirrt an.

»Vielleicht bin ich nur überempfindlich«, meinte Jessica, »aber ich werde das Gefühl nicht los, daß sie mir irgendwas verheimlicht.«

Lillian kicherte. »Vielleicht ist das dein schlechtes Gewissen, weil du dir soviel Mühe gibst, ihr ihren Job abzujagen.«

»Nein, das ist es nicht«, widersprach Jessica. »Obwohl ich mir tatsächlich Mühe gebe – das gebe ich gern zu! Allerdings wird Taryn langsam zur Plage. Sie hängt schon wie eine Klette an mir.«

»Im Augenblick aber nicht«, bemerkte Lillian.

Jessica runzelte die Stirn. »Vielleicht sollte ich meine Bemühungen ein wenig verstärken. Diesmal habe ich ein wirklich gutes ›Geheimnis‹ für sie auf Lager.« Jessica rappelte sich auf, warf den Kopf zurück und schüttelte ihr schimmerndes blondes Haar. Wie gut sich die Sonne auf dem Gesicht anfühlt! dachte sie. Aber jetzt rief erstmal die Pflicht – Taryn. Sie lief über den Sand zum Wasser und hockte sich neben dem kleinen Mädchen hin.

»Hi, Taryn!« begrüßte sie sie fröhlich. »Wie geht's dir denn?«

Taryn blinzelte sie an. »Gut«, antwortete sie, und die winzige Spur eines Lächelns stahl sich auf ihr Gesicht.

Jessica nahm eine Handvoll Sand und ließ ihn durch die Finger rinnen. »Hast du Lust, ein neues Geheimnis zu hören?« fragte sie beiläufig.

Taryns Augen leuchteten auf. »Ja«, antwortete sie ernsthaft und sah Jessica mit runden Augen an, als wäre die eine Zauberin.

»Gut. Es ist ein ganz besonderes Geheimnis, und du mußt versprechen, es niemandem zu verraten. Verstanden?«

Taryn nickte eifrig.

»Es war einmal ein böses kleines Mädchen, das Taryn hieß. Sie wußte zwar nichts davon, aber sie war in Wirklichkeit gar kein kleines Mädchen. Weißt du, was sie war?«

Taryn starrte sie wie hypnotisiert an und schüttelte den Kopf.

»Sie war eine wunderschöne Prinzessin«, verkündete Jessica. »Aber leider stand sie unter einem schlimmen Zauber, der sie böse gemacht hatte. Und was glaubst du, was dem bösen kleinen Mädchen passierte, als der schreckliche Zauber von ihr gelöst wurde?«

»Ist sie lieb geworden?« fragte Taryn und steckte den Daumen in den Mund.

»Ja!« rief Jessica übermütig und schlang die Arme um die Kleine.

Taryn lachte selig. »Die Geschichte mag ich«, sagte sie schüchtern. Sie nahm den Daumen wieder aus dem Mund. »Und dich mag ich auch«, fügte sie mit leuchtenden Augen hinzu.

Zufrieden streichelte ihr Jessica über das Köpfchen. Am liebsten hätte sie sich selbst auf die Schulter geklopft. Besser hätte sie die ganze Sache gar nicht einfädeln können. Gut gemacht, Jessie, gratulierte sie sich triumphierend. Du hast das unmögliche kleine Ding auf deine Seite gebracht.

Jetzt konnte es nicht mehr lange dauern, bis ihre Schwester überzeugt war, daß es für Taryn das Beste war, wenn sie für den Rest des Sommers die Jobs tauschten!

13

»Mir ist egal, was du sagst.« Mit wütend blitzenden Augen wandte sich Audrey Bennet ihrem Mann zu. »Ich bin es endgültig leid, mich so von dir behandeln zu lassen, Malcolm! Entweder du änderst dein Verhalten, oder ...«

»Oder was?« fragte Malcolm Bennet höhnisch. Er verschränkte die Arme vor der Brust und starrte seine Frau an, die im Schlafzimmer an ihrem Toilettentisch saß. »Es ist immer dasselbe. Statt dich vernünftig mit mir auseinanderzusetzen, stellst du mir irgendein Ultimatum. Dieses letzte Jahr ist für mich die Hölle gewesen, Audrey. Was glaubst du wohl, weshalb ich meine ganze Zeit im Club verbringe? Wenn du mir nur halbwegs entgegenkommen würdest ...«

Audrey fühlte, daß ihr die Tränen kamen. Ich muß mich zusammenreißen, ermahnte sie sich. Ich muß ihm zeigen, daß es mich nicht kümmert, was er sagt.

Sie machten sich für eine Dinnerparty fertig, zu der keiner von ihnen Lust hatte. Audrey wußte im Moment nicht mal, was ihre Auseinandersetzung ausgelöst hatte.

Aber in letzter Zeit gab es anscheinend ständig Streit zwischen ihnen. Malcolm war angespannt und reizbar, und Audrey wußte, daß sie selbst auch nicht gerade sehr umgänglich war. An diesem Abend war sie jedoch zu einem Waffenstillstand bereit gewesen.

Und jetzt war es schon wieder mal soweit. Malcolm war fuchsteufelswild, sie selbst stand kurz vor dem Nervenzusammenbruch.

»Reiß dich gefälligst zusammen«, sagte Malcolm grob. »Und sieh mich nicht so gequält an, Audrey, das kann ich einfach nicht ertragen.«

»Manchmal habe ich wirklich den Eindruck, daß du mich haßt«, flüsterte Audrey. Sie war kreidebleich geworden. Keiner von ihnen bemerkte, daß die Tür zum Schlafzimmer um ein paar Zentimeter geöffnet worden war. Taryn brütete irgendeine Krankheit aus und hätte eigentlich im Bett liegen müssen. Jetzt stand sie wie erstarrt hinter der Tür und belauschte den hitzigen Wortwechsel ihrer Eltern, die blauen Augen erschreckt aufgerissen.

»Du denkst doch nur an dich selbst.« Malcolms Stimme wurde immer lauter. »Und was ist mit Taryn? An sie verschwendest du keinen Gedanken. Du überläßt sie einfach Maria, während du herumrennst und Geld für Kleider ausgibst, die du dann nicht mal anziehst.«

Audrey wurde rot vor Ärger. »Du bist aber auch nicht gerade ein Mustervater«, hielt sie ihm entgegen. »Wann bist du denn das letzte Mal hiergewesen, um dich um Taryn zu kümmern?«

»Du hättest niemals ein Kind haben dürfen«, sagte Malcolm böse. »Du bist ja gar nicht in der Lage, Taryn oder überhaupt einen anderen Menschen außer dir selbst zu lieben.«

Audreys Lippen zitterten, als sie ihren Mann anstarrte. »Wenn das deine Meinung von mir ist, wenn du wirklich unsere ganze Ehe als sinnlos betrachtest, ist es wohl besser, wenn ich gehe.« Ihre Stimme brach.

»Keine Sorge.« Malcolm griff sich seine Schlüssel von der Kommode. »Ich werde es dir leicht machen, weil nämlich *ich* gehen werde. Du brauchst bloß dazusitzen und zuzusehen.«

Als er in den Flur hinausstürmte, bemerkte er nicht, daß Taryn in einer Ecke kauerte. Kurz darauf wurde die Eingangstür zugeschmettert, daß es durch das ganze Haus hallte. Dann war es plötzlich still.

»Taryn, was ist denn los?« fragte Elizabeth mit besorgtem Gesicht. Das kleine Mädchen lag im Bett und schluchzte herzzerreißend. Ihr Gesicht war gerötet und fühlte sich heiß an; Elizabeth vermutete, daß das Kind Fieber hatte.

»Hat sie schon ein Aspirin bekommen?« fragte sie Maria.

Maria schüttelte den Kopf. »Sie weigert sich. Gegessen hat sie auch nichts. Sie weint nur die ganze Zeit. Aber sie will nicht sagen, warum.«

»Lassen Sie mich mit ihr allein sprechen. Vielleicht erzählt sie mir dann, was sie hat.«

Weder Audrey noch Malcolm waren zu Hause gewesen, als Elizabeth von ihrer Verabredung mit Jamie im Beach Café zurückgekommen war. Audrey hatte eine kurze Nachricht hinterlassen, in der es hieß, daß sie auf einer Dinnerparty waren und erst spät nach Hause kommen würden. »*P.S.*«, stand am

Ende, *»behalten Sie Taryn bitte im Auge. Möglicherweise wird sie krank.«*

Elizabeth seufzte. Kein Wunder, daß sich Taryn so unleidlich benahm, wenn sie ihren Eltern nicht mehr als ein Postskriptum auf einer hastig hingekritzelten Notiz wert war! Sie legte dem Kind die Hand auf die Stirn und stellte beunruhigt fest, wie heiß sich Taryn anfühlte. »Taryn«, sagte sie leise, »ich bin's, Elizabeth. Willst du mir nicht verraten, was mit dir los ist? Geht es dir schlecht, weil du dich krank fühlst, oder ist es noch irgendwas anderes?«

Taryns Augen füllten sich mit Tränen. »Laß mich«, wimmerte sie. »Mir geht es schlecht.«

»Auf keinen Fall lasse ich dich allein«, erklärte Elizabeth entschieden. »Ich bleibe hier an deinem Bett, bis du dich besser fühlst. Hast du verstanden?«

Taryn schwieg. Sie hatte die Augen geschlossen, und ihre langen Wimpern hoben sich dunkel von ihrer hellen Haut ab.

»Also, ich habe einfach das Gefühl, daß dich irgendwas bedrückt, und ich möchte gern wissen, was es ist«, fuhr Elizabeth im Plauderton fort.

Sie zog sich einen Stuhl heran und setzte sich ans Bett.

Taryn fing an zu schluchzen. »Mein Daddy ... Mein Daddy haßt meine Mommy«, brachte sie mit erstickter Stimme hervor.

Elizabeth starrte sie an. »Ganz bestimmt nicht!« erwiderte sie. »Wie kommst du bloß auf diese Idee?«

»Ich habe sie gehört«, schluchzte Taryn. »Ich habe gehört, was sie zueinander gesagt haben.«

»Taryn, hast du vielleicht gehört, wie sich deine Eltern gestritten haben?«

Taryn nickte, und die Tränen rannen ihr über die Wangen.

Elizabeth holte tief Luft. »Waren sie sehr böse aufeinander?«

Wieder nickte Taryn. »Sie haben gesagt … daß sie sich hassen. Dann haben sie gesagt, daß sie mich am besten nie bekommen hätten!«

Elizabeth beugte sich vor und nahm Taryn in die Arme. »Hör mal gut zu«, antwortete sie leise und wiegte das Kind sanft hin und her. »Bestimmt haben sie das nicht so gemeint. Manchmal können Menschen sehr böse aufeinander werden, und dann sagen sie unheimlich dumme Sachen zueinander. Aber, Taryn, deine Eltern haben dich sehr, sehr lieb. Und es kann ihnen unmöglich leid tun, daß du ihr Töchterchen bist.«

Taryn hörte nicht auf zu weinen.

»Du mußt nur versuchen, ihnen zu zeigen, wie sehr sie einander brauchen«, fuhr Elizabeth fort.

Taryn öffnete die Augen und sah Elizabeth so traurig an, daß es ihr fast das Herz zerriß. »Mir geht es schlecht«, flüsterte sie. »Ich will jetzt schlafen.«

Elizabeth seufzte. Anscheinend konnte sie nie etwas tun, um der Kleinen zu helfen. »Zuerst möchte ich, daß du ein Aspirin nimmst«, sagte sie und nahm die Tabletten von Taryns Nachttisch.

Sie sah zu, wie Taryn brav das Kinderaspirin schluckte, konnte sich aber immer noch nicht überwinden, einfach hinauszuehen. »Paß mal auf«, meinte sie dann. »Ich bleibe hier bei dir am Bett sitzen, bis du eingeschlafen bist, ja? Und wenn du mir vielleicht genauer erzählen willst, was heute abend passiert ist, bin ich für dich da.«

Taryn gab keine Antwort.

Ab und zu hörte Elizabeth noch ein kurzes, unterdrücktes Schluchzen, und schließlich war das kleine Mädchen still. Leise schlich sich Elizabeth aus dem Zimmer.

Taryn hörte sie gehen. Sie konnte nicht einschlafen. Wenn sie atmete, tat ihr die Brust weh, und mal war ihr heiß, dann wieder kalt. Und immer wieder hörte sie diese schrecklichen Dinge, die ihre Eltern an diesem Abend gesagt hatten. Ihre Mom und ihr Dad hatten sich nicht lieb! Deswegen also waren sie fast nie zu Hause. Ihre Eltern hatten sie nicht lieb. Nie hatten sie sie liebgehabt. Sie konnte es zwar nicht ganz begreifen, aber aus irgendeinem Grund war sie, Taryn, für all die Lieblosigkeit in diesem Haus verantwortlich. Ihretwegen stritten sich ihre Eltern. Hatten sie nicht gesagt, es wäre besser gewesen, sie hätten nie ein Kind gehabt?

Gut, dachte Taryn, dann will ich nicht länger hierbleiben. Ich werde weglaufen.

Sobald sie sicher sein konnte, daß Elizabeth außer Hörweite war, schlüpfte Taryn aus dem Bett. In dem schwachen Schein ihrer Nachttischlampe tastete sie sich zum Schrank und holte den kleinen Koffer heraus, den ihr ihre Mutter immer packte, wenn sie nach Palm Springs fuhren. Zuerst war ihr etwas schwindelig, aber dann schaffte sie es, den kleinen Koffer zu ihrem Tischchen zu ziehen. Sie packte ihre Lieblingspuppe, einen Pullover und einen Schlafanzug ein.

Sie wußte auch schon, wo sie hingehen würde. Zu ihren Großeltern nach Nebraska. Sie wußte zwar nicht so genau, wo Nebraska lag, aber sie würde schon irgendwie dahinkommen. Sie schob ihr Köfferchen unters Bett und kroch wieder unter die Decke.

Sie konnte kaum den nächsten Morgen erwarten. Wo immer auch Nebraska sein mochte, Taryn war ganz sicher, daß sie es dort besser haben würde als in Malibu.

14

Elizabeth betrachtete sich kritisch im Spiegel. Sie war sich nicht ganz sicher, was sie von ihrem neuen T-Shirt halten sollte. Vielleicht war es ja ein bißchen ... zu freizügig. Jetzt hätte sie gut Jessicas Rat gebrauchen können. Wie oft war es diesen Sommer vorgekommen, daß sie sich gewünscht hatte, ihre Zwillingsschwester direkt in der Nähe zu haben.

Elizabeth schaltete das Radio ein und langte nach ihrer Haarbürste. Wenn sie aus dem Fenster ihres Zimmers bei den Bennets schaute, konnte sie drohende Wolken am Himmel sehen, deshalb wollte sie lieber den Wetterbericht hören, bevor sie hinausging. Sie wollte sich wieder mit Jamie im Beach Café treffen.

Elizabeth sah auf die Uhr. Es war halb vier. Es wurde langsam Zeit zu gehen, wenn sie Jamie nicht warten lassen wollte. Ihr Herz schlug schneller, wenn sie daran dachte, ihn bald zu sehen. In einer halben Stunde schon würde sie mit ihm zusammensein. Wenn sie doch nur ihre Beziehung ohne diese Vorbehalte und Schuldgefühle genießen könnte! Bestimmt würde es ihr helfen, wenn sie mit ihren Eltern sprach, wenn sie zu Besuch kamen, und dann konnte sie auch Jesscia an ihren Gefühlen teilhaben lassen.

Sie schaltete das Radio ab und ging aus ihrem Zimmer auf den Flur. »Maria, ich bin gegen sechs Uhr wieder zurück«, rief sie.

Maria kam aus Taryns Zimmer. Sie war offensichtlich sehr beunruhigt. Taryn lag schon den ganzen Tag mit Fieber und einem häßlichen Husten im Bett. »Das Kind fühlt sich furchtbar heiß an. Ich will nur hoffen, daß der Hustensaft etwas nützt.«

»Wann kommen denn Audrey und Malcolm zurück?« fragte Elizabeth.

Maria schüttelte den Kopf. »Ich weiß nicht. Ich glaube nicht mal, daß sie zusammen fort sind. Malcolm ist im Club, und Audrey ist, glaube ich, bei ihrer Mutter.«

Elizabeth fragte sich, ob Maria wußte, daß Malcolm letzte Nacht gar nicht nach Hause gekommen war. Anscheinend ging bei den Bennets plötzlich alles drunter und drüber. Aus irgendeinem Grund war Elizabeth innerlich angespannt; die ganze Atmosphäre war gespannt.

»Wie wollten Sie denn zu Ihren Freunden kommen?«

»Na ja«, antwortete Elizabeth, »ich wollte mit dem Bus fahren.«

Maria schüttelte den Kopf. »Warten Sie hier.« Kurz darauf kehrte sie mit den Schlüsseln des Camaro zurück und gab sie Elizabeth. »Nehmen Sie lieber den Camaro, Liz. Ich möchte nicht, daß Sie im strömenden Regen auf den Bus warten müssen. Das würde uns gerade noch fehlen – daß Sie auch noch krank werden.«

»Also ...« Elizabeth zögerte. Es war ihr unangenehm, sich schon wieder das Auto zu borgen, aber draußen sah es wirklich finster aus. Der Himmel war bleigrau, und dicke rötliche Wolken zogen auf. »In Ordnung.« Sie nickte dankbar. »Und ich bin wirklich bald wieder hier.«

Wenige Minuten später lenkte Elizabeth den Wagen aus der Einfahrt. Sie bog in die lange Straße ein, die in die Hauptstraße zur Stadt mündete. Der Song im Autoradio wurde von einer atmosphärischen Störung verzerrt, dann unterbrach der Discjokkey die Musik. »Wir unterbrechen die Sendung für eine Durchsage des Nationalen Wetterdienstes. An alle Einwohner in Los Angeles County ergeht eine dringende Sturmwarnung. Besonders betroffen sind kleinere Wasserfahrzeuge. Alle kleineren Boote sollten unverzüglich geschützte Buchten oder Häfen anlaufen. Es muß mit beträchtlichem Flutanstieg sowie Erdrutschen, die durch die Regenfälle verursacht werden, gerechnet werden. Sie werden gebeten, sich möglichst von den Straßen fernzuhalten.«

Elizabeth blinzelte zum Himmel hinauf. Es sah wirklich zum Fürchten aus, und jetzt konnte sie auch schon das Grollen des näherkommenden Donners hören. Ein gegabelter Blitz zuckte über den in der Ferne liegenden Bergen auf. Elizabeth überlegte kurz, ob sie nicht besser umkehrte. Aber um keinen Preis wollte sie Jamie versetzen.

»Mir passiert schon nichts«, versicherte sie sich. Normalerweise übertrieben die Wetterberichte immer ein wenig, damit die Leute auch bestimmt vorsichtig waren. Elizabeth fuhr sehr gut, und bis jetzt regnete es nicht mal. Diese Sommerstürme fegten oft über die Küste hinweg, ohne irgendwelchen Schaden anzurichten, beschwichtigte sie sich weiter.

Sie bog rechts in die Küstenstraße ein und gab Gas, damit sie so schnell wie möglich an ihr Ziel kam.

Maria hatte schon genug Sorgen damit, daß Taryn krank war und Elizabeth in diesem Unwetter Auto fuhr. Und jetzt mußte sie sich auch mit Malcolm Bennets schlechter Laune auseinandersetzen. »Nein, sie ist nicht da«, antwortete Maria in den Telefonhörer und trat unbehaglich von einem Fuß auf den anderen. »Nein, Mr. Bennet. Ich habe sie den ganzen Tag noch nicht gesehen, und sie hat auch nichts hinterlassen.«

Maria haßte es, in Streitigkeiten zwischen den Eheleuten hineingezogen zu werden. Audrey hatte ihr eingeschärft, Malcolm nicht zu verraten, wo sie sich aufhielt, und Maria hörte deutlich an Malcolms Ton, daß er ihr nicht glaubte.

»Gut, dann richten Sie ihr aus, daß ich im Club bin«, sagte er mürrisch. »Wo immer sie sein mag, ich hoffe jedenfalls, daß sie nicht Auto fährt. Es sieht aus, als bekämen wir ein schlimmes Unwetter, und Audrey ist bei Regen eine miserable Fahrerin.«

»Ich werde es ihr ausrichten, Mr. Bennet«, erwiderte Maria.

Taryn öffnete ihre Schlafzimmertür einen Spalt breit. Maria telefonierte gerade – sehr gut! Dann war also die Luft rein. Taryn umklammerte fest den Griff ihres Köfferchens und schlich die Treppe hinunter. Auf dem letzten Stück zur Eingangstür hielt sie die Luft an.

Maria bemerkte sie nicht.

Zuerst bekam Taryn die schwere Tür gar nicht auf. Sie schien zu klemmen. Mit aller Kraft drehte sie an dem Türknauf, und endlich war die Tür offen. Dicke Regentropfen prasselten auf das Pflaster, als sie stolpernd die Einfahrt hinunterlief, wobei ihr Köfferchen gegen das Bein schlug.

Aber Taryn merkte gar nichts von dem Regen oder von den stechenden Schmerzen in ihrer Brust bei jedem Atemzug. Während sie eilig die Straße entlanglief, konnte sie nur immer wieder denken, daß sie das Richtige getan hatte, daß es das war, was alle von ihr erwarteten. Sie würden viel glücklicher sein, wenn sie nicht mehr da war.

Der Regen wurde immer heftiger, während sie weiterstolperte. Eines hatte sie sich fest vorgenommen, und daran hielt sie sich auch.

Sie sah kein einziges Mal zurück.

Fröstelnd wartete Jessica vor der Haustür der Bennets und trat von einem Fuß auf den anderen. Sie schüttelte die Arme und den Kopf, so daß das Wasser in alle Richtungen spritzte. »Komm schon«, murmelte sie ungeduldig und hieb mit der Faust auf die Klingel. Einen solchen Wolkenbruch hatte sie noch nie erlebt. Beim Fahren hatte sie kaum die Straße erkennen können. Sie war draußen gewesen, und als sie die Flutwarnung im Radio gehört hatte, war sie gleich zu den Sargents zurückgefahren.

In letzter Sekunde hatte ihr aber ihr sechster Sinn – etwas, was viele Zwillinge besitzen – befohlen, zu den Bennets zu fahren und nach Elizabeth zu sehen. Cliff war mit seinen Eltern in Los Angeles, um Verwandte zu besuchen, also wußte sie, daß er in Sicherheit war. Aber Elizabeth und die Bennets wohnten so nahe am Meer, und der schwerste Sturm seit Jahren tobte genau in ihre Richtung.

Endlich wurde die Tür geöffnet, und Jessica machte schnell, daß sie hineinkam, obwohl es ihr peinlich war, soviel Wasser mit sich zu bringen.

»Wir kennen uns noch nicht«, sagte sie zu Maria. »Ich bin Elizabeths Zwillingsschwester. Und Sie müssen Maria sein.«

Maria versuchte ein Lächeln, aber sie war viel zu besorgt. »Es ist ein richtiges Unwetter draußen, nicht? Sie sind ganz durchnäßt, Sie Ärmste!«

»Das ist nicht weiter schlimm«, wehrte Jessica ab. »Ich wollte mich nur vergewissern, daß Elizabeth in Sicherheit ist. Im Radio hieß es vorhin, daß die Küstenbewohner möglicherweise evakuiert werden müssen.«

Marias dunkle Augen blickten entsetzt. »Liz ist nicht hier«, erwiderte sie mit zitternder Stimme. »Sie wollte irgendwohin fahren. Sie hat gesagt, daß sie sich mit jemandem treffen wollte.«

Jessica überlegte flüchtig, um welchen Jemand es sich da handeln mochte. Aber sie war so besorgt, daß sie nur an die Sicherheit ihrer Zwillingsschwester denken konnte. »Im Moment sollte sie wirklich nicht Auto fahren. Aber vielleicht ist sie in der Stadt auch sicherer als hier, Maria, ich finde, wir sollten Taryn holen und zusehen, daß wir von hier wegkommen. Es ist wirklich zu gefährlich, bei einem so schweren Sturm so nah am Meer zu sein.«

»Ich habe Liz mein Auto gegeben«, sagte Maria zutiefst beunruhigt.

»Das macht nichts, ich habe den Fiat«, beruhigte Jessica sie. »Am besten gehen Sie Taryn jetzt gleich holen.«

Maria lief die Treppe hoch zu den Zimmern des kleinen Mädchens, und Jessica versuchte, sich so gut es ging mit einem Handtuch aus dem Gästewaschraum abzutrocknen. Ungläubig stellte sie fest, wie dunkel es inzwischen draußen geworden war. Sie konnte nur hoffen, daß Elizabeth irgendwo im Trokkenen war – und vor allem in Sicherheit!

Wenig später kam Maria die Treppe wieder heruntergelaufen, das Gesicht weiß wie die Wand. »Taryn ist nicht in ihrem Zimmer«, rief sie mit bebenden Lippen.

Jessicas Herzschlag schien auszusetzen. Sie starrte Maria an. »Was sagen Sie?«

Maria traten Tränen in die Augen. »Ich kann sie nirgendwo finden! Ihr Bett ist leer. Sie muß sich an mir vorbeigeschlichen haben, während ich telefoniert habe!«

»Aber weswegen sollte sie das tun?«

Marie zitterte am ganzen Körper. »Sie war ganz

außer sich. Mr. und Mrs. Bennet hatten gestern abend einen fürchterlichen Streit, und Elizabeth meint, Taryn muß davon etwas mitbekommen haben ...«

»Wir müssen sie suchen«, entschied Jessica schnell. »Maria, rufen Sie die Polizei an. Ich sehe nach, ob ich Regenmäntel und Gummistiefel für uns finde.«

Maria lief zum Telefon, während Jessica den Garderobenschrank durchwühlte, bis sie Stiefel und zwei alte Regenmäntel gefunden hatte. Es kam ihr kurz in den Sinn, wie komisch es war, einen Regenmantel anzuziehen, wenn sie sowieso schon naß bis auf die Haut war.

Aber so komisch war es auch wieder nicht. Jessica fror erbärmlich. Sie wagte gar nicht daran zu denken, in welcher Gefahr sich die kleine Taryn befinden konnte, wenn sie mutterseelenallein draußen in dem ständig schlimmer werdenden Unwetter herumirrte.

Sie wußte nur, daß sie und Maria das Kind finden mußten, je eher, desto besser.

Lucy Sargent runzelte verwundert die Stirn, als es an der Haustür klingelte. »Das könnte Jessica sein«, sagte sie zu sich selbst und lief nach vorn, um zu öffnen. Bei dem prasselnden Regen und nach der Empfehlung im Radio, nicht das Haus zu verlassen, machte sich Lucy Sorgen um ihr Kindermädchen.

Zu ihrer Überraschung stand draußen ein dunkelhaariger, untersetzter Mann.

»Was kann ich für Sie tun?« erkundigte sie sich.

Er streckte ihr die Hand entgegen. »Mein Name ist Jody Philips. Ich bin Tonys Manager.«

»Oh!« sagte Lucy überrascht. »Kommen Sie herein!«

»Danke, aber ich bin in sehr großer Eile«, wehrte er ab. »Ich muß sofort mit Tony sprechen. Es geht um eine Angelegenheit, die auf keinen Fall warten kann. Können Sie mir vielleicht sagen, wo ich ihn finde?«

Lucy wurde blaß. »Ist es etwa wegen dieses Mannes? Vor dem er sich versteckt hält?«

»Ja«, antwortete der Mann und seufzte schwer. »Darum geht es.«

Lucy war sehr besorgt. »Er ist in einem Lokal, dem Beach Café. Sie müssen die Route Neun nehmen und dann links in eine kleine Seitenstraße einbiegen, den Breakwater Way. Das Restaurant befindet sich ganz am Ende des Piers.« Sie runzelte die Stirn und blickte zu dem sturmgepeitschten Himmel hoch. »Ich mache mir Sorgen um ihn. Es wäre besser, wenn er jetzt nicht dort draußen wäre!«

»Ich werde mich schon um ihn kümmern«, sagte der Fremde schroff. Er machte kehrt und lief eilig durch den strömenden Regen zu seinem Auto zurück.

»Wer war das?« rief Josh aus dem Wohnzimmer.

»Jody Philips, Tonys Manager«, antwortete Lucy. Sie schloß die Haustür und lehnte sich mit dem Rükken dagegen. Nachdenklich rieb sie sich die Stirn. Irgend etwas beunruhigte sie, aber sie konnte nicht sagen, was es war.

»Was wollte er denn?« Josh trat zu ihr und sah sie besorgt an.

»Er wollte mit Tony sprechen. Ich habe ihm gesagt, wo er ihn finden kann. War das richtig?«

»Warum denn nicht?« fragte Josh. »Jody wird Tony schon nichts tun. Immerhin ist er derjenige, der sich am meisten um Tonys Sicherheit sorgt, oder?«

Frankie LaSalle starrte angestrengt durch die regenüberströmte Windschutzscheibe. Dieses Wetter war einfach unglaublich. Ausgerechnet während des schwersten Sturms seit Jahren mußte er nach Tony Sargent suchen.

Andererseits hatte er bis jetzt viel Glück gehabt – mehr als das.

Zunächst einmal hatte er diese dämliche Sekretärin von Tony Sargent überzeugt, daß er ihn unbedingt erreichen mußte. Sie wollte sich damit herausreden, daß sie nicht berechtigt sei, seine Adresse weiterzugeben, aber davon ließ er sich nicht beeindrucken. »Ich bin von der Polizei«, hatte er einfach behauptet. »Sein Vater ist gerade in Connecticut ins Krankenhaus eingeliefert worden. Er hatte einen schweren Autounfall. Tony Sargent ist als nächster Angehöriger angegeben. Wir müssen ihn sofort dorthin bringen. Sein Vater liegt im Sterben.«

Darauf war sie prompt hereingefallen. Nach einigem Herumdrucksen war sie schließlich mit der Adresse in Malibu herausgerückt, wo Tony sich versteckt hielt, und hatte ihm auch den Namen genannt, den Tony dort benutzte. Also hatte sich Tony tatsächlich eingebildet, er könnte sich vor Frankie LaSalle verstecken.

Frankie meinte es todernst. Lisa hatte ihm alles von Tony erzählt, als sie ihn im Gefängnis besuchte, und als Frankie erfahren hatte, was geschehen war, hatte er sich geschworen, mit Tony abzurechnen, sobald er wieder draußen war. Frankie würde es ihm heimzahlen, koste es, was es wolle.

Die Gelegenheit war günstig. Wahrscheinlich saß Tony wegen des Sturms in dem Restaurant fest. Frankie gratulierte sich, wie leicht er die Frau, bei der Tony wohnte, an der Nase herumgeführt hatte. Sie hatte tatsächlich geglaubt, er wäre Jody Philips! Ein großartiger Witz. Aber es würde nicht lange ein Witz bleiben, dafür würde Frankie schon sorgen. Wenn er in dieses Beach Café kam, würde er schon sicherstellen, daß er als Letzter lachte. Tony Sargent würde Lisa nie wieder anrühren – oder irgendein anderes Mädchen.

»Mach dich bereit, Junge«, knurrte er und umklammerte fest das Steuerrad, als er in den Breakwater Way einbog. »Tony Sargent, du bist so gut wie tot!«

Sein Gesicht verzerrte sich zu einer höhnischen Fratze, als er sein Auto am Straßenrand vor dem Beach Café parkte und den Motor abstellte. Frankie LaSalle holte ein blitzendes silbernes Messer aus dem Handschuhfach, dann stieg er aus, schlug die Wagentür zu und lief durch den prasselnden Regen zum Seiteneingang des abgelegenen Restaurants.

15

»Wo, hat die Polizei gesagt, sollen wir uns treffen?« Jessica saß vorgebeugt am Lenkrad und blickte angestrengt durch den undurchdringlichen Regenschleier auf die schlüpfrige Straße vor sich. Das Unwetter verschlimmerte sich von Minute zu Minute Die Wassermassen, die sich von den Bergen ins Meer ergossen, brachten Unmengen von Schlamm und Geröll mit sich und verwandelten die Highways in gefährliche Rutschbahnen. Der schwarze Himmel wurde nur hin und wieder von zuckenden Blitzen erhellt. Mit äußerster Konzentration achtete Jessica darauf, daß der Fiat nicht ins Schleudern geriet.

»Biegen Sie hier ab«, wies Maria sie an. »Sie haben gesagt, jemand hätte ihnen gemeldet, ein kleines Mädchen in der Nähe einer Brücke zwischen der Route Neun und dem Pacific Highway gesehen zu haben. Sie wollen sich mit uns an der nächsten Ampel treffen.«

Jessica fluchte leise vor sich hin und lenkte den Fiat auf den schlammigen Seitenstreifen. Ein großer Baum war vom Blitz gefällt worden und blockierte jetzt die Straße. »Den Rest werden wir wohl zu Fuß gehen müssen«, sagte sie zu Maria, zog den Reißverschluß ihres Regenmantels hoch und sprang aus dem Wagen. »Wir könnten versuchen, Taryn zu rufen.«

Die nächsten paar hundert Meter stolperten sie am Straßenrand entlang, wobei sie sich aneinander festklammerten. Der Sturm tobte mit ungeheurer Gewalt. Er zerrte an ihnen und wühlte das Wasser draußen zu meterhohen Wellen auf. Der Regen trommelte auf die Klippen, die den Highway säumten, so daß sich lauter schmutzigbraune Bäche von dort ins Meer ergossen. Jedesmal, wenn ein Blitz aufzuckte, fuhr Jessica so heftig zusammen, daß sie Maria dabei fast den Arm ausriß.

»Taryn!« schrie sie, bis ihr der Hals wehtat. »Taryn!«

»Dort ist ein Streifenwagen!« rief Maria laut, um das Rauschen der Brandung und des Regens zu übertönen.

Jessica entdeckte in der Ferne ein rotierendes Rotlicht und beschleunigte ihren Schritt. Vielleicht hatte man Taryn schon gefunden!

»Um Himmels willen!« schrie Maria entsetzt und schlug die Hände vors Gesicht. Jessica fing an zu rennen, um zu sehen, was Maria so sehr erschreckt hatte.

Dann entdeckte sie Taryn, und ihre Knie wollten vor Angst nachgeben.

In der Nähe war eine kleine Fußgängerbrücke von dem angeschwollenen, tobenden Fluß praktisch in zwei Teile gerissen worden. Viel mehr als ein paar Planken waren nicht von ihr stehengeblieben, eine winzige Plattform, die auf dem übriggebliebenen, wackeligen Unterbau ruhte. Das Wasser schoß weiterhin unter der zerbrochenen Brücke hindurch; es war schwer zu sagen, wie lange das Holzgerüst noch standhalten würde.

Und auf der angeknacksten Plattform hockte Taryn, das Köfferchen an die Brust gepreßt, und schluchzte herzzerreißend.

Jessica stockte der Atem. Es sah aus, als könnte der Rest der Brücke jeden Moment zusammenbrechen. Taryn würde in das reißende Wasser stürzen und ertrinken!

»Wir wissen nicht, was wir tun sollen«, sagte einer der Polizisten zu Maria. Er legte den Arm um sie, um sie zu stützen. »Wir haben schon versucht, sie soweit zu uns heranzulocken, daß wir sie erreichen können. Aber sie will sich nicht vom Fleck rühren. Sie hat zuviel Angst.«

Voller Entsetzen betrachtete Jessica den Zwischenraum, der die kleine Plattform vom sicheren Ufer trennte, wo sie standen. Sehr weit war er nicht, aber solange Taryn am hinteren Ende der Plattform blieb, bekam man sie nicht zu fassen. Aber wie, um alles auf der Welt, sollten sie zu ihr gelangen?

»Wenn diese Planken stabil wären, könnten wir versuchen, zu ihr hinüberzuspringen. Aber wir fürchten, sie könnte dabei hinunterfallen«, erklärte der andere Polizist.

»Taryn! Ich bin's Maria!« rief Maria. Aber Taryn weinte viel zu laut, um die Worte zu hören.

»Es muß sich eine Möglichkeit finden«, meinte der eine Polizist mit Nachdruck. »Dieser Holzunterbau kann jeden Moment zusammenbrechen. Irgendwie müssen wir zu ihr gelangen!«

Mit wachsendem Entsetzen starrte Jessica auf das Kind. »Hören Sie, sie mag mich«, sagte sie. »Vielleicht kann ich sie zu mir locken. Meinen Sie, Sie beide könnten mich halten, wenn ich mich zu ihr hinüberlehne?«

Der eine Polizist betrachtete stirnrunzelnd den Abstand zwischen Ufer und Plattform. »Na ja, wenn sie bis an den Rand kommen würde ...«

»Ich will es wenigstens versuchen«, drängte Jessica. »Halten Sie mich von hinten fest, und ich versuche, sie zu überreden, daß sie zu mir kommt.«

Maria wurde blaß. »Jessica, sind Sie sicher, daß Sie sich das zutrauen?«

Plötzlich wurde das Windgeheul von einem lauten Knacken übertönt. Eine Planke hatte sich von der Plattform gelöst. Taryn bedeckte das Gesicht mit den Händen. Sie alle konnten ihren dünnen, ängstlichen Schrei hören.

»Kommen Sie. Wir dürfen keine Zeit mehr verlieren!« rief Jessica. Schon hatte sie sich den Regenmantel heruntergerissen, damit die Polizisten sie um die Taille packen konnten. Als Jessica sich vorbeugte, hörte sie die näherkommende Sirene eines Krankenwagens. Sie holte tief Luft und versuchte, nicht auf das gurgelnde Wasser unter ihr zu sehen.

»Taryn!« Die Polizisten beugten sich so weit wie nur möglich mit ihr vor, aber selbst so war es Jessica unmöglich, näher an das vor Angst gelähmte Kind zu gelangen. Taryn rührte sich nicht vom Fleck. Sie starrte Jessica nur an, während ihr die Tränen die Wangen hinunterrannen.

»Es hat keinen Zweck«, rief Jessica den Polizisten über die Schulter zu. »Ich komme einfach nicht nahe genug an sie heran.«

»Können Sie sie nicht dazu bewegen, näherzukommen?« fragte einer der beiden.

Jessica überlegte fieberhaft. Plötzlich hatte sie eine Idee. »Taryn!« rief sie wieder. »Komm her, Taryn. Ich möchte dir ein Geheimnis erzählen!«

Taryns Blick war fest auf Jessica geheftet. Jessica wußte, daß sie es sich nicht nur eingebildet hatte – Taryn hatte lang genug zu weinen aufgehört, um ihr zuzuhören.

»Es war einmal ein böses kleines Mädchen, das Taryn hieß«, rief Jessica und streckte die Arme aus. »Sie war so böse, sie wollte einfach nicht kommen, als Jessica sie rief. Sie blieb und blieb sitzen, ohne sich zu rühren. Sie war so schrecklich böse, und weißt du, was ihr passiert ist?«.

Wie hypnotisiert starrte Taryn sie an.

»Komm her, Taryn«, rief Jessica und beugte sich so weit wie möglich vor. »Komm her, dann erzähle ich dir, was mit dem bösen kleinen Mädchen passiert ist.«

Im nächsten Augenblick kam Taryn auf sie zu gekrochen, die blauen Augen vor Angst und Schrekken weit aufgerissen.

»Noch näher, Taryn«, schrie Jessica, daß ihr der Hals schmerzte. »Komm näher, ein kleines bißchen näher, dann erzähl ich dir von dem bösen kleinen Mädchen!«

Sie fühlte, daß die Polizisten mit aller Kraft ihre

Taille umklammert hielten. Nur noch ein Stückchen weiter … Taryns Finger streiften Jessicas Hand. Jessica holte tief Luft und packte das kleine Mädchen bei den Handgelenken.

Dann sammelte sie ihre ganze Kraft und zog sie von der Plattform zu sich herüber.

Taryn schrie gellend. Im selben Moment traf ein enormer Schwall von schlammigem Wasser auf die restlichen Planken und riß sie mit sich fort. Jessica meinte, ihre Lungen müßten bersten, so sehr strengte sie sich an, das kleine Mädchen zu halten. Dann wurde sie von den Polizisten vom Wasser weggezogen, und sie und Taryn fielen beide zu Boden.

Taryn war gerettet.

Maria nahm Taryn auf die Arme. Jessica umarmte sie beide und wischte dann Taryn den feuchten Schmutz aus dem Gesicht. Noch nie hatte sie ein so durchnäßtes, jammervolles Wesen gesehen. Das Haar klebte Taryn am Kopf, sie klapperte vor Kälte und Erschöpfung mit den Zähnen und zitterte am ganzen Leib.

»Sie ist krank. Sie hat seit gestern abend hohes Fieber«, erklärte Maria den Sanitätern aus dem Krankenwagen, als sie ihr Taryn aus den Armen nahmen.

»Sie sind ein außerordentlich mutiges junges Mädchen«, sagte der eine Polizist zu Jessica und schüttelte ihr voller Anerkennung die Hand. »Sie haben ihr das Leben gerettet.«

Jessica konnte kaum sprechen. Plötzlich fühlte sie sich hundeelend. Sie wünschte sich nichts mehr als sich hinzusetzen und zu weinen. »Wir müssen ihre

Eltern anrufen«, brachte sie mit erstickter Stimme heraus.

»Stimmt. Ich schreibe mir die Namen und die Adresse auf, dann können Sie im Krankenwagen zum Krankenhaus mitfahren. Wir rufen die Eltern an und schicken sie ins Hospital.«

Unbeteiligt hörte Jessica zu, wie Maria dem Polizisten die Telefonnummer von Mr. Bennets Club und die von Mrs. Bennets Mutter nannte. Sie war immer noch ganz benommen und konnte kaum glauben, was gerade geschehen war.

Sie hoffte nur, daß es Taryn bald wieder besser gehen würde.

Jessica kletterte hinten in den Krankenwagen zu Taryn und wartete, daß der Fahrer einstieg und Maria mit den Polizisten fertig wurde. »Willst du, daß ich dir noch etwas von dem bösen kleinen Mädchen erzähle?« fragte sie.

Aber Taryn gab keine Antwort. Sie hielt die Augen fest geschlossen. Ihr Atem klang mühsam, und ihr Gesicht war gerötet.

Jessica hatte schreckliche Angst um sie, aber in einer anderen Weise als vorhin, als das Kind auf der Brücke in Gefahr gewesen war. Inbrünstig wünschte sie, daß sie sich endlich beeilten – sie alle! – und Taryn ins Krankenhaus schafften, damit man sich richtig um sie kümmern konnte.

»Das muß Jessica sein.« Josh blickte von seiner Zeitschrift hoch.

Lucy hatte Sam auf dem Arm. »Soll ich aufmachen?« fragte sie.

»Nein. Ich gehe schon.« Josh durchquerte das Wohnzimmer, trat in den Flur und öffnete die Tür.

»Hi«, sagte ein schlanker, dunkelhaariger Mann, trat ein und sah sich verstört um. »Sie sind Josh Sargent, nicht?«

»Ja«, antwortete Josh überrascht. »Und wer sind Sie?«

»Entschuldigen Sie bitte. Mein Name ist Jordan Philips. Ich bin Tonys Manager. Es tut mir leid, hier einfach so hereinzuplatzen, aber ich habe allen Grund anzunehmen, daß Tony in Gefahr ist. Offenbar hat Frankie LaSalle diese Adresse irgendwie aus Tonys Sekretärin herausbekommen, und jetzt befürchten wir ...«

»Lucy!« rief Josh. Er hielt die Türklinke so fest umklammert, daß seine Fingerknöchel weiß hervortraten. Lucy kam mit Sam auf dem Arm herbeigelaufen. »Lucy, dieser Mann sagt, er wäre Jody Philips. Ist das derselbe Mann, dem du gesagt hast, daß Tony im Beach Café ist?«

»N-nein«, stammelte Lucy. »Du meine Güte«, rief sie und drückte ihr Baby so fest an sich, daß es laut protestierte. Ihr Gesicht wurde kreideweiß, als ihr aufging, was geschehen war. Wenn der Mann, mit dem sie vorhin gesprochen hatte, nicht Jody war, dann hatte sie Frankie LaSalle geradewegs zum Beach Café geführt!

»Am besten rufen wir die Polizei an.« Jodys Bewegungen blieben ruhig und kontrolliert, aber seine

Stimme zitterte. »Was haben Sie gesagt, wo er ist? Im Beach was?«

»Im Beach Café«, flüsterte Lucy mit aschfahlem Gesicht.

Alle drei liefen ins Wohnzimmer. Jody nahm den Telefonhörer ab.

»Ich kann es einfach nicht fassen«, sagte Josh mit angstgeweiteten Augen. Der Gedanke, daß seinem Cousin etwas zustoßen könnte, war ihm unerträglich. »Was können wir denn tun? Irgendwas muß doch zu machen sein ...«

»Wir dürfen nicht eine einzige Sekunde verlieren«, sagte Jody entschlossen. »Ich will nur hoffen, daß wir dort ankommen, bevor es zu spät ist.«

»Wo ist sie?« Audrey Bennet kam in das Wartezimmer im ersten Stock des Lionel Whiting Hospitals im Zentrum von Malibu gestürzt.

»Wo ist mein Baby?«

»Mrs. Bennet!« rief Maria und sprang auf. »Es ist alles meine Schuld«, schluchzte sie. »Wenn ich nicht telefoniert hätte ...«

»Sie liegt da drin.« Jessica zeigte auf eine Zimmertür am Ende des Flurs. »Aber die Ärzte wollten, daß wir hier draußen warten.«

Audrey sah grauenvoll aus. Ihr Haar war zerzaust, und ihr Make-up war ganz zerlaufen. Und trotzdem kam es Jessica so vor, als sähe die Frau zum ersten Mal »echt« aus. Der bestürzte, ängstliche Ausdruck ihrer Augen ließ sie richtig menschlich erscheinen, wie jemandem, der zu wirklichen Gefühlen imstande war.

»Mein armes kleines Mädchen«, stöhnte Audrey, und ihre Augen füllten sich mit Tränen. »Was für eine Idiotin bin ich doch gewesen. Es war nicht Ihre Schuld, Maria, sondern ganz allein meine. Wäre ich heute zu Hause gewesen, wäre das ganze niemals passiert. Wie konnte ich nur so selbstsüchtig sein ... aber nie hatte ich Zeit für sie. Ich habe sie behandelt wie – wie – Ach, es ist alles meine Schuld!«

»Nein«, widersprach ihr eine rauhe Stimme. Jessica blickte überrascht auf und sah Mr. Bennet in der Tür zum Wartezimmer stehen. »Es ist überhaupt nicht deine Schuld«, fügte er hinzu, während er zu seiner Frau trat.

»Und ich? Wann bin ich denn je für sie oder für dich dagewesen? Mein Club und meine dämlichen Freunde sind mir immer viel wichtiger gewesen. Ich war immer zu sehr mit meinen eigenen Angelegenheiten beschäftigt, um euch beiden zu geben, was ihr braucht. Als Vater habe ich völlig versagt, Audrey. Immer wieder habe ich das arme Kind im Stich gelassen.«

»Ach, Mal«, flüsterte Audrey.

Ein Arzt kam ins Wartezimmer. »Mr. und Mrs. Bennet?« fragte er nach einem Blick auf sein Krankenblatt. »Würden Sie jetzt bitte hereinkommen? Es steht sehr ernst um Taryn. Ich sage es Ihnen lieber gleich: Wenn das Fieber nicht bald sinkt, können wir keine Versprechungen hinsichtlich ihrer Genesung machen. Wir tun, was in unserer Macht steht. Wir haben ihr schon Eisbäder gegeben, damit die Temperatur sinkt.«

Jessica packte Maria am Arm.

»Bitte«, drängte Audrey, »lassen Sie uns zu ihr.«

»Sie fragt ständig nach Jessica«, sagte der Arzt und blickte sich fragend um. »Ist hier jemand, der so heißt?«

»Ja«, antwortete Jessica schwach.

»Kommen Sie doch bitte mit.« Audrey wandte ihr ihr tränenüberströmtes Gesicht zu und sah sie flehend an.

Jessica nickte nur. »Sie auch«, bat sie Maria leise. Einer nach dem anderen betraten sie das Zimmer, wo sich Taryn unruhig in dem schmalen Bett hin und her warf. Ihr Gesicht war hochrot, und ihre Augen glänzten fiebrig.

Das kleine Mädchen tat Jessica entsetzlich leid. Sie hoffte nur, Taryn noch einmal helfen zu können – eine zweite Möglichkeit zu erhalten, das Kind zu retten.

Aber im Moment blieb ihr nichts weiter übrig, als mit den anderen im Krankenzimmer zu sitzen und zu warten. Mehr konnten sie nicht tun, bis das Fieber sank, hatte der Arzt gesagt.

»Eins muß ich noch hinzufügen«, wandte er sich ernst an alle. »Sie muß den Willen haben, wieder gesund zu werden. Ich weiß nicht, wie ich es sonst erklären soll, aber in derartigen Fällen sehen wir das immer wieder. Vielleicht weiß jemand von Ihnen eine Möglichkeit, ihr die Kraft zum Durchhalten zu geben ...«

Keiner erwiderte etwas darauf. Hoffnungslos sahen sie einander an und bemühten sich, ihre Gefühle unter Kontrolle zu halten.

Durch das Fenster von Taryns Krankenzimmer konnte Jessica sehen, daß sich der Himmel langsam aufhellte. Das Unwetter draußen war fast vorbei.

Aber hier drinnen war das Schlimmste noch nicht überwunden.

16

»Na, langsam scheint es sich ja wieder aufzuhellen«, stellte Elizabeth erleichtert fest, als sie über das stürmische Meer blickte.

Jamie hielt ihre Hand ganz fest. »Du hattest eine Heidenangst, stimmt's?«

Elizabeth nickte und lächelte ihn verlegen an. »Ich fürchte, ja. Aber ich glaube, das Schlimmste haben wir jetzt hinter uns.«

Während der letzten zwanzig Minuten hatten sie und Jamie beobachtet, wie der Sturm das Wasser peitschte, und sie hatten den Regen auf das Dach des Restaurants prasseln hören.

Als Elizabeth ankam, war nicht mehr daran zu denken gewesen, wieder nach Hause zu fahren – der Sturm war viel zu heftig. Sie saßen in dem Lokal fest, zusammen mit zwei Kellnern und dem Geschäftsführer. Keiner von ihnen wagte, das Restaurant zu verlassen.

»Es sieht so aus, als hätten wir es noch mal überstanden!« stellte einer der Kellner aufatmend fest. Mit einer schwungvollen Verbeugung servierte er ihnen zwei Gläser Eistee.

Elizabeth lächelte und hob ihr Glas, um mit Jamie anzustoßen. Der Kellner zog sich zurück, und sie hatten den gemütlichen, sturmsicheren Gastraum ganz für sich allein, also konnten sie sich ungestört weiter unterhalten.

»Ich werde meinen Eltern von dir erzählen, wenn sie am Vierten hierher kommen. Aber ich habe das Gefühl, daß sie nicht einverstanden sein werden. Du bist soviel älter als ich. Na ja, und Jeffrey ist auch noch da ...« Nervös spielte Elizabeth mit ihrem Teelöffel.

Jamie sah ein bißchen gequält aus. Er räusperte sich und faßte Elizabeths Hand noch fester. »Liz, was wäre, wenn ich dir sagen würde ...«

»Was sagen?« ermunterte Elizabeth ihn.

Aber Jamie hatte keine Möglichkeit mehr zu antworten. Die Tür zum Beach Café flog auf, und ein großer, stämmiger Mann stürmte in den Raum. Er hielt etwas Blitzendes in der Hand, und Elizabeth wurde starr vor Schreck. Der Mann hatte ein Messer!

Langsam kam er auf ihren Tisch zu, die dunklen Augen blitzend vor Zorn. »Was haben sie denn mit dir gemacht, Sargent?« fragte er höhnisch, während er den kleinen Tisch umrundete. Ein Kellner, der gerade aus der Küche kam, blieb wie angewurzelt stehen.

Mit wütendem Gesicht erhob sich Jamie halb von seinem Stuhl. »Wie haben Sie mich gefunden?« wollte er wissen.

»Jamie Galbraith«, schnaubte der Mann verächtlich und machte eine drohende Gebärde mit dem Messer. »Du glaubst wohl, du kommst mit allem so einfach davon, was? Bloß, weil du berühmt bist, meinst du, du könntest dich mit meinem Mädchen herumtreiben, während ich aus dem Verkehr gezogen bin! Aber ich will dir was sagen, Sargent. Mit Frankie LaSalle kann man so was nicht machen. Hast du kapiert? Mit mir nicht!«

Elizabeths Mund war total ausgetrocknet. Sie saß da wie erstarrt und konnte sich nicht vom Fleck rühren. Was hat das alles bloß zu bedeuten, fragte sie sich, schwindelig vor Angst. Warum bedroht dieser Mann Jamie? Und warum nennt er ihn Sargent?

»Damit werden Sie nicht durchkommen, Frankie«, antwortete Jamie mit ruhiger Stimme, während er aufstand und sich ganz langsam rückwärts bewegte. »Wie haben Sie herausbekommen, wo ich bin?« fragte er noch einmal.

Elizabeth kannte Jamie gut genug, um ihm seine Absicht von den Augen abzulesen. Er versuchte, Zeit zu gewinnen. Zumindest glaubte sie, ihn zu kennen.

Frankie sah Jamie mit verzerrtem Gesicht an. »Dieses dumme Huhn von einer Sekretärin, die du in Los Angeles hast, hat die Adresse ausgespuckt. Ich brauchte ihr nur vorzumachen, daß ich von der Polizei wäre, und schon ist sie darauf hereingefallen. Sie hat mir brav erzählt, daß du dich als Jamie Galbraith, Collegestudent, ausgibst, und daß du dich bei deinem Cousin in Malibu verkriechst.«

Elizabeth begann am ganzen Körper zu zittern. Sie konnte immer noch nicht fassen, was sie da hörte. Jamie war gar nicht Jamie. Aber wer war er dann? Sie preßte die Hände an die Schläfen,, als könnte sie dadurch ihre Gedanken ein bißchen ordnen. Es mußte doch eine Möglichkeit geben, wie man aus diesem Alptraum entfliehen konnte. Denn eins wußte sie mit Sicherheit – wer Jamie auch sein mochte, sie hatte ihn sehr, sehr gern. Und sein Leben befand sich in Gefahr.

»Hören Sie zu, Frankie. Zwischen Lisa und mir ist überhaupt nichts gewesen. Das Ganze ist ein Irrtum. Wir haben nur ein Glas miteinander getrunken, weiter nichts. Sie war allein. Wenn ich von Ihnen gewußt hätte ...«

»Ihr dämlichen Stars«, unterbrach ihn Frankie wutschäumend. Seine Augen blitzten tückisch, als er auf Jamie losstürzte. »Du bildest dir ein, weil du berühmt bist, könntest du von jedem alles bekommen, was du willst. Aber da hast du dich schwer getäuscht, Freundchen. Ich werde dir ein für allemal eine Lehre erteilen!«

Im nächsten Augenblick sah Elizabeth, daß Frankie mit dem blitzenden Messer in der Hand Jamie ansprang. Sie schrie und sprang auf, daß ihr Stuhl hinter ihr umkippte.

»Helfen Sie uns doch«, schrie sie den Kellnern zu. Frankie war über Jamie und drückte ihn zu Boden. Das Café war von den schrecklichen Lauten zweier kämpfender, keuchender Menschen erfüllt.

Mit einer plötzlichen Drehung schaffte es Jamie, sich aus Frankies Griff zu befreien, und beide kamen wieder auf die Füße.

»Ich kriege dich«, sagte Frankie immer wieder vor sich hin. Jamie schlug nach ihm, verfehlte ihn aber und fluchte. Frankie machte sich zunutze, daß Jamie einen Moment die Balance verlor, und packte ihn beim Kragen. In seiner Rechten blitzte wieder das Messer. Jamie schrie auf. Elizabeth schwankte, als sie sah, daß plötzlich an seiner Schulter Blut über sein helles Hemd rann.

»Nehmen Sie ihm das Messer ab!« rief ihr einer der Kellner zu.

Aber Elizabeth hatte keine Zeit, um klar zu denken. Sie handelte rein instinktiv. Sie packte die Zinnvase, die auf dem Tisch stand, und schlug sie Frankie mit aller Gewalt über den Hinterkopf. Mit einem gräßlichen Stöhnen sackte er nach vorn – direkt auf Jamie – und das Messer polterte zu Boden.

Sofort waren die Kellner zur Stelle und halfen Elizabeth, den Mann von Jamie wegzuziehen.

»Ist alles mit dir in Ordnung?« fragte Elizabeth mit zitternder Stimme. Plötzlich kamen ihr die Tränen. Jamie blutete noch immer an der Schulter. Wenn er ernsthaft verletzt war ...

»Alles stehenbleiben!« rief eine energische Stimme. »Hier ist die Polizei.« Elizabeth wirbelte herum, als die Tür aufschwang und drei Polizisten hereingelaufen kamen, gefolgt von einem Mann im grauen Anzug.

»Tony! Bist du unverletzt?« Der Mann lief auf sie zu.

Tony, dachte Elizabeth benommen. Tony Sargent? Plötzlich wußte sie nicht, ob sie lachen oder weinen sollte. Das Ganze hatte sie so mitgenommen, daß sie sich nicht imstande fühlte, die Einzelheiten dieses Durcheinanders wieder in die richtige Reihenfolge zu bringen.

»Ist das der Kerl?« Einer der Polizisten zerrte Frankie auf die Füße.

Tony richtete sich auf. Er hatte sich eine Serviette gegen die Schulter gepreßt. »Elizabeth hat ihn k.o. geschlagen«, antwortete er und sah sie bewundernd an. »Sie hat mir das Leben gerettet.«

Jody wandte sich an Elizabeth. »Ich bin Jody Philips, Tonys Manager. Tony, du hast uns einen ganz schönen Schrecken eingejagt. Bist du schlimm verletzt?«

Tony schüttelte den Kopf. »Ich habe nur einen kleinen Kratzer mit seinem Messer abbekommen, weiter nichts.«

Der Geschäftsführer des Restaurants kniete sich neben Tony und besah sich dessen Schulter. »Ich denke, das muß genäht werden«, stellte er fest. »Und was ist mit ihm?« Er nickte in Frankies Richtung. »Alles in Ordnung mit ihm?«

»Na ja, diese junge Dame hat ihm ganz schön eins übergezogen.« Einer der Polizisten grinste. »Der schläft erstmal. Und wenn er wieder zu sich kommt, wird er einen anständigen Brummschädel haben. Inzwischen nehmen wir ihn mit auf die Wache. Mr. Philips, könnten Sie wohl mitkommen, um mit uns den Papierkram zu erledigen? Dann kann Ihr Freund gleich mit dem Streifenwagen ins Krankenhaus fahren und seine Schulter behandeln lassen.«

»Sie müssen gut auf sich aufpassen, Mr. Sargent«, sagte der andere Polizist und lächelte Tony schüchtern an. »Wir möchten nicht, daß Ihnen etwas passiert. Das würden uns unsere Töchter niemals verzeihen!«

Mit blassem Gesicht sah Tony Elizabeth an. »Wenn es dir nichts ausmacht, Jody, möchte ich jetzt gleich ins Krankenhaus fahren – mit Elizabeth. Es gibt da einiges, was ich ihr noch erklären muß.«

»Wie du willst«, erwiderte Jody. Elizabeth war immer noch zu benommen, um ganz zu begreifen, was vor sich ging. Bevor sie richtig wußte, was ihr geschah, stieg sie zusammen mit Jamie – Tony – der sich immer noch die Serviette gegen die Schulter drückte, in den Streifenwagen. Und plötzlich wurde ihr todschlecht.

Sie biß sich auf die Lippen, und die Tränen traten ihr in die Augen.

Tony legte ihr die freie Hand aufs Knie. »Hör mal«, sagte er, »ich habe dir eine ganze Menge zu erzählen, aber als erstes möchte ich mich bei dir entschuldigen, daß ich dich angelogen habe, Liz. Es tut mir leid, daß ich mich vor dir für jemand anderen ausgegeben habe.«

Elizabeth gab keine Antwort. Eine Träne lief ihr über die Wange, und sie wandte sich ab, um aus dem Seitenfenster auf die überfluteten Straßen zu sehen.

»Ich meine es ehrlich«, fuhr Tony fort. »Ich bin nach Malibu gekommen, weil ich in ernsthaften Schwierigkeiten war. Frankie LaSalle war schon seit Monaten hinter mir her. Ist dir eigentlich klar, daß du mir das Leben gerettet hast?«

Elizabeth wandte sich ihm wieder zu. Ihr Hals war wie zugeschnürt. »Du hast mir wirklich viel bedeutet«, brachte sie heraus. »Ich hätte gar nicht anders handeln können.«

»Warum sprichst du in der Vergangenheit?« Hilflos sah Tony sie an.

Elizabeth antwortete nicht, denn ihr fehlten ganz einfach die Worte.

»Jody hatte gemeint, in Malibu wäre ich am sichersten«, fuhr Tony fort. »Ich bin von Make-up-Spezialisten hergerichtet worden. Mein Haar wurde braun gefärbt, und ich bekam dunkel getönte Kontaktlinsen. Es ging alles so schnell. Plötzlich war ich hier in Malibu und mußte allen vorspielen, daß ich Jamie Galbraith war.«

»Aber Lucy und Josh wußten Bescheid?« Elizabeth war immer noch ganz durcheinander.

Tony nickte.

»Josh ist mein Cousin. Er hat sich meinetwegen Sorgen gemacht. Er und Jody kamen überein, daß dies die beste Lösung wäre.«

»Und ich?« fragte Elizabeth mit unsicherer Stimme. »Bin ich für dich nur ein Zeitvertreib gewesen, während du hier warst? Damit du dich nicht langweilst, bis du wieder zu deinem normalen Leben zurückkehren kannst?«

Sie wollte gar nicht, daß sich ihre Worte so verbittert anhörten, aber allmählich wurde ihr die Ungeheuerlichkeit dessen klar, was geschehen war. Sie hatte sich in Jamie Galbraith verliebt, aber den gab es in Wirklichkeit gar nicht.

»Nein, Liz, so war es nicht. Überhaupt nicht«, widersprach Tony ihr sanft. Er sah sie an, und seine Augen blickten warm und ernst. »Liz, ich will dir jetzt etwas sagen. Was du damit anfängst, überlasse ich dir, aber ich möchte, daß du mir eine Chance gibst. Bitte, hör mir zu.«

»Einverstanden«, flüsterte Elizabeth.

»Eigentlich hatte ich keine große Lust, nach Malibu zu kommen. Ich hatte Josh lange Zeit nicht gesehen, und ich war ehrlich nicht wild darauf, mich für ein paar Wochen – oder noch länger – zu verkriechen. Aber ich hatte keine andere Wahl. Und das alles, weil ich kurz mit diesem – diesem Groupie zu tun gehabt hatte.« Seine Stimme klang verbittert. »Es stellte sich heraus, daß sie Frankies Freundin war. Dieser Typ ist nicht ganz dicht, Liz. Er war im Gefängnis, aber ich glaube, er wäre in einer Heilanstalt besser aufgehoben. Jedenfalls hatte ich Angst, sogar große Angst. Ständig hat er mich mit seinen Drohanrufen belästigt, so daß ich wirklich schon gedacht habe, meine Tage wären gezählt.«

»Wie furchtbar«, sagte Elizabeth. Unwillkürlich fühlte sie Mitleid für ihn.

»Ja. Also, ich fing an, mir alles mögliche zu überlegen. Angeblich macht ja nichts so nachdenklich wie das plötzliche Bewußtsein der eigenen Sterblichkeit. Liz, du wirst mich wahrscheinlich für verrückt halten, aber ich habe mir immer gewünscht, Jamie Galbraith zu sein.«

»Was meinst du damit?« fragte sie unsicher.

»Versteh mich bitte nicht falsch. Das soll nicht heißen, daß mir mein Leben als Tony Sargent nicht gefiele. Meistens fühle ich mich unheimlich gut dabei. Aber es ist auch ein sehr ungewöhnliches Leben, Liz. Ich bin erst siebzehn – ehrlich! – aber in mancher Hinsicht habe ich schon mehr Erfahrungen gemacht als andere, die viel, viel älter sind. Ich bin um die ganze Welt gereist, ich habe in den allerbesten Hotels gewohnt, und ich habe mehr Geld, als ich jemals ausgeben kann. Ich besitze eine eigene Wohnung, habe eine Privatsekretärin, einen Manager. Aber ...«

Elizabeth wandte den Blick nicht von ihm. »Sprich weiter«, forderte sie ihn sanft auf.

»Aber es gibt andere Dinge, die ich nie haben konnte – bis ich mich in Jamie Galbraith verwandeln mußte. Und bis ich dich kennengelernt habe.«

»Ich begreife es noch nicht ganz«, sagte Elizabeth. Wie gern hätte sie ihn verstanden, aber sie kam sich so entsetzlich dumm vor. Wenn sie an all die albernen Dinge dachte, die sie zu ihm gesagt hatte, zu Tony Sargent, dem großen Star ...

»Ich habe mir immer die Möglichkeit gewünscht, einmal ganz ich selbst sein zu dürfen«, fuhr Tony fort. »Einmal Dinge sagen zu können, auf die ich echte, ehrliche Reaktionen bekomme. Ein Mädchen kennenzulernen und ihr zu sagen, daß ich sie hübsch finde – und dann zu sehen, wie sie auf mich reagiert, nicht auf Tony Sargent. Kannst du das verstehen?«

»Ja«, antwortete Elizabeth leise. »Ich glaube schon.«

Trotzdem mußte sie sich fragen, was aus der wundervollen Beziehung, die sie mit Jamie gehabt hatte, werden würde. Es sah so aus, als gehörte ihre Freundschaft, obwohl sie gerade erst angefangen hatte, doch schon wieder der Vergangenheit an. Elizabeth war es, als müßte ihr das Herz brechen. Egal, was Tony ihr erzählte und wie lieb er auch zu sein versuchte, sie wußte, daß es aus war. Er konnte sich einfach nicht für sie interessieren – für die stille, ernsthafte Elizabeth Wakefield.

»Wir sind da, Leute«, sagte der Polizist, der den Wagen steuerte, nachdem er die schalldichte Trennscheibe zwischen den Vorder- und Rücksitzen geöffnet hatte. »Hier ist Lionel Whiting Hospital. Wenn Sie direkt in die Ambulanz gehen, wird man Ihnen die Wunde wahrscheinlich sofort nähen.«

»Vielen Dank, Officer.« Tony stieg aus und hielt Elizabeth die Tür auf.

»Ich hätte noch eine Bitte.« Verlegen sah ihn der Polizist an. »Könnte ich vielleicht ein Autogramm von Ihnen haben? Meine Tochter würde mir nie verzeihen, wenn ich mir diese Gelegenheit entgehen ließe.«

Elizabeth fröstelte. Es regnete immer noch leicht. Sie sah zu, wie Tony seinen Namen auf ein Blatt Papier kritzelte und es dem Polizisten durch das Seitenfenster des Streifenwagens hineinreichte. Das alles kam ihr total unwirklich vor.

»Tut mir leid.« Tony legte den Arm um sie. »Liz ...«

»Ich möchte nur eins wissen«, unterbrach ihn Elizabeth und machte sich wieder frei. »Was wird bei dieser ganzen Sache aus uns beiden? Jamie Galbraith kannst du ja nun nicht mehr sein. Bedeutet das ...?«

»Ich weiß noch nicht, was es bedeutet«, erwiderte Tony unentschlossen, und wich ihrem Blick aus.

»Wir haben heute sehr viel durchgemacht, Liz. Vielleicht sollten wir abwarten, bis sich alles wieder etwas beruhigt hat, um zu sehen, wo wir stehen.«

In Elizabeths Augen brannten Tränen. Sie hätte es sich denken können. Jetzt, wo er in Sicherheit war, war er nur allzu bereit, sie schnell zu vergessen. Während er in Malibu festsaß, hatte er sich die Zeit vertrieben, indem er sich mit ihr traf, aber das war auch alles.

»Nanu!« Tony blinzelte durch den Regen und faßte nach Elizabeths Arm. »Ist das nicht Jessica?«

Elizabeth blickte in die Richtung, in die er gezeigt hatte. Tatsächlich – Jessica kam gerade aus dem Eingang des Krankenhauses!

17

»Ich werd' verrückt.« Jessicas Mund stand vor Staunen offen, und ihre Augen waren groß wie Untertassen. »Du meinst, dieser Jamie Galbraith ist wirklich Tony Sargent?«

Elizabeth nickte nur.

»Du liebe Güte!« rief Jessica und schlug sich die Hand vor die Stirn. »Ich habe tagelang mit Tony Sargent unter einem Dach gelebt und keine Ahnung davon gehabt? Was bin ich nur für ein Trottel!« Sie stöhnte. »Und ich habe ihn für den letzten Idioten gehalten. Ich habe ihn einfach gräßlich behandelt. Was mag er jetzt bloß von mir denken?«

Die Zwillinge warteten vor der Ambulanz, während die Ärzte Tonys Verletzung an der Schulter behandelten. In der ersten Aufregung hatten sie sich gegenseitig Geschichten in einem solchen Durcheinander erzählt, daß die eine kaum wußte, was der anderen nun wirklich passiert war. Elizabeth war fassungslos, als sie von Taryn hörte. Sie war so betroffen, daß sie darüber fast die unglückselige Geschichte mit Tony vergessen hätte. Aber nur fast.

»Aber was hattest du überhaupt mit Jamie – ich meine, mit Tony – in diesem gottverlassenen Restaurant am Strand zu suchen?« wollte Jessica wissen.

Elizabeth wurde rot. »Äh ...«

»Elizabeth Wakefield!« rief Jessica und packte ihre Schwester am Arm. »Soll das vielleicht heißen, daß du dich die ganze Zeit mit Tony Sargent getroffen hast? Mit Tony Sargent?«

»Ich hatte doch keine Ahnung, daß er Tony Sargent war.« Elizabeth seufzte.

»Na ja, und sehr glücklich scheinst du nicht darüber zu sein«, stellte Jessica fest. »Mensch, wenn ich solches Glück hätte ... Wie konnte ich nur so blind sein«, jammerte sie. »Dabei hatte ich doch so gehofft, Tony kennenzulernen, aber als dieser ›Freund der Familie‹ zu Besuch kam, habe ich nicht eine Sekunde daran gedacht, daß *er* es sein könnte!«

»Willst du damit sagen, du wußtest, daß Tony mit den Sargents verwandt ist? Warum hast du mir nie etwas davon erzählt?«

Jessica blinzelte. »Na ja – ich dachte, es wäre dir sowieso egal. Bis vor einem Monat wußtest du ja nicht mal, daß es ihn überhaupt gibt.«

Elizabeth schüttelte den Kopf. »Laß uns nach oben gehen und nach Taryn schauen. Ehrlich, Jessie, ich möchte die ganze Sache mit Tony so schnell wie möglich vergessen.«

»Aber das geht doch nicht«, protestierte Jessica. »Der arme Kerl verblutet hier fast in der Ambulanz! Du könntest ihn wenigstens dazu überreden, Taryn zu besuchen. Ich wette, der Besuch eines großen Stars wird wahre Wunder bei ihr bewirken.« Ihre Augen blitzten.

Elizabeth grinste vor sich hin. »Und du bist natürlich überhaupt nicht an diesem großen Star interessiert, oder? Dir geht es wirklich nur um Taryn! Wie edel!«

Jessica sah sie unschuldsvoll an. »Was du immer von mir denkst, Liz! Wer ist denn den ganzen Tag durch Sturm und Regen geirrt, um Taryn zu retten, während du dich mit Berühmtheiten amüsiert hast?«

Elizabeth seufzte. »Schon gut, ich frage ihn, ob er heraufkommt, sobald sie mit seiner Schulter fertig sind.« Sie wußte, wann sie klein beigeben mußte.

Wenig später kam sie aus der Ambulanz zurück. »Er kommt nach, sobald sie ihn verbunden haben«, berichtete sie. »Die Wunde wird mit sieben Stichen genäht. Komm, Jessie. Mir geht es erst wieder besser, wenn ich Taryn gesehen habe.«

Elizabeth wußte nicht, was ihr mehr zu schaffen machte – ihr schlechtes Gewissen, weil sie Taryn trotz ihrer Krankheit alleingelassen hatte, oder ihre Enttäuschung wegen Tony Sargent.

Sie wußte nur eins. Der wunderbare Sommer, den Jessica ihr versprochen hatte, hatte ganz schnell in einer großen Katastrophe geendet!

»Ich finde, sie sieht immer noch nicht besser aus.« Audrey Bennet seufzte und strich sich das dunkle Haar aus der Stirn. »Das Fieber will einfach nicht sinken!«

Besorgt beugte sich Elizabeth über das Krankenhausbett. Arme kleine Taryn, dachte sie bekümmert. Man sah gleich, wie schlecht es ihr ging. Das Atmen fiel ihr schwer, und ihr Gesicht war vom Fieber ganz fleckig. Ihre blauen Augen glänzten unnatürlich, und sie schien ihre Umgebung gar nicht richtig wahrzunehmen.

»Hi, Taryn«, sagte Elizabeth und lächelte sie an.

»Jessica?« fragte Taryn mühsam.

»Jessie, sie will, daß du kommst«, flüsterte Elizabeth enttäuscht.

Audrey weinte leise vor sich hin. »Ich überlege die ganze Zeit, wie ich zu ihr durchdringen kann. Ich weiß, es klingt albern, aber – aber ich habe das Gefühl, sie braucht die Gewißheit, daß ihr Vater und ich zu ihr halten. Die Ärzte scheinen der Meinung zu sein, daß sie sich aufgegeben hat!«

Jessica dachte eine Weile nach. »Ich habe da eine Idee ...«, meinte sie schließlich. Sie setzte sich zu Audrey und legte ihr die Hand auf den Arm. »Hören Sie, ich habe mit Taryn immer ein bestimmtes Spiel gespielt, das ihr wirklich zu gefallen schien.« Sie erklärte die Sache mit den »Geheimnissen«, die sie Taryn immer erzählt hatte. »Mein Vater hat Liz und mir solche Geschichten erzählt, als wir noch klein waren. Wir waren ganz verrückt danach. Warum versuchen Sie nicht, ihr so eine Geschichte vom bösen kleinen Mädchen zu erzählen, und warten ab, was dann passiert?«

Audrey sah sie zweifelnd an. »Meinen Sie wirklich, es könnte etwas nützen?«

»Schaden kann es bestimmt nicht.« Jessica lächelte sie aufmunternd an.

»In Ordnung«, stimmte Audrey zu und drückte Jessicas Hand. »Vielen Dank, Jessie!«

Sie durchquerte den Raum und trat mit einem verzweifelten, aber auch entschlossenen Lächeln an Taryns Bett. »Taryn«, begann sie leise. Sie legte dem Kind ihre kühle Hand auf die Stirn. Ihre Tochter richtete den Blick auf sie, schien sie aber nicht zu erkennen.

»Ich bin's, deine Mommy«, flüsterte Audrey.

In dem Zimmer war es mucksmäuschenstill.

»Taryn«, flüsterte Audrey noch einmal. »Möchtest du, daß ich dir ein Geheimnis verrate?«

Taryns Augen füllten sich mit Tränen. Dann nickte sie und sah ihre Mutter an.

»Es war einmal ein kleines Mädchen, das hieß Taryn«, sagte ihre Mutter sanft. »Sie war ein hübsches kleines Mädchen und sehr, sehr lieb. Aber sie hatte ein großes Problem. Ihre Mommy und ihr Daddy waren nämlich sehr böse. Sie wollten gar nicht böse sein, denn sie hingen sehr an Taryn, und sie wußten, wie lieb sie war. Aber sie waren oft böse zueinander, und manchmal waren sie auch zu ihrem kleinen Mädchen böse.«

Die Spannung im Raum stieg. Jessica und Elizabeth standen mucksmäuschenstill da.

»Möchtest du, daß ich die Geschichte weitererzähle?« fragte Audrey ihre Tochter ruhig.

Wieder nickte Taryn. Eine Träne löste sich aus ihrem Augenwinkel und rann ihr die Wange hinunter. Elizabeths Hals war wie zugeschnürt.

»Also, Mommy und Daddy hatten Taryn sehr lieb, und sie hatten sich trotz allem immer noch gegenseitig lieb. Sie würden gern versuchen, einen neuen

Anfang zu machen, nur müßte ihr kleines Mädchen zuerst wieder ganz schnell gesund werden.«

»Mommy!« brachte Taryn mühsam heraus und streckte ihre kleinen Arme aus.

Im nächsten Augenblick hielt Audry ihre Tochter in den Armen und lachte und weinte zur selben Zeit. »Ach, Taryn«, schluchzte sie, während sie ihrem Kind das Haar streichelte, »meine arme kleine Taryn.«

»Und wo bleibe ich?« beschwerte sich Malcolm Bennet mit rauher Stimme. Die Zwillinge hatten fast vergessen, daß er auch noch da war. Jetzt kam er aus der Ecke, in der er die ganze Zeit gestanden hatte, und nahm seine Frau und seine Tochter zusammen in die Arme.

Vor lauter Freude und Erleichterung fielen sich Jessica und Elizabeth auch um den Hals. Jetzt war Elizabeth ganz sicher, daß Taryn sich wieder erholen und daß es bei den Bennets von heute an sehr viel anders zugehen würde.

Das kalte, unpersönliche Haus, das sie heute nachmittag verlassen hatte, würde, wenn sie zurückkehrte, ein richtiges Heim sein.

Die Bennets setzten Tony, Elizabeth und Jessica vor dem Beach Café ab, wo die drei in den Camaro stiegen. Elizabeth fuhr Jessica und Tony zu der Abzweigung, wo Jessica ein paar Stunden zuvor den Fiat stehengelassen hatte.

»Ich kann immer noch nicht glauben, daß Frankie

endlich wieder hinter Gittern ist«, sagte Tony. »Ich muß zugeben, daß ich ehrlich erleichtert bin.«

»Und was machst du jetzt?« fragte Jessica interessiert. »Gehst du wieder nach Los Angeles zurück?«

Elizabeth seufzte, während sie das Auto lenkte. Was Tony auch vorhaben mochte, sie hatte nicht das Gefühl, daß er sie in seine Pläne einschloß.

»Nein, eigentlich nicht. Bis jetzt war nicht ganz sicher, ob ich bei dem Rock-Festival nächsten Samstag im Oakwood Park auftreten könnte, aber inzwischen hat Jody alles klar gemacht. Der Erlös dieses Konzerts ist für einen wohltätigen Zweck. Wir hatten schon befürchtet, bis dahin müßte ich immer noch verkleidet herumlaufen, aber jetzt sieht es ja so aus, als könnte ich auftreten.« Er schwieg einen Augenblick, dann wandte er sich an Elizabeth. »Ich brauche wohl nicht zu sagen, wie sehr ich mich freuen würde, wenn ihr beide kämt. Jody hat Freikarten für euch, falls ihr interessiert seid.«

»Und ob wir interessiert sind!« rief Jessica aufgekratzt.

Elizabeth spürte, daß Tony sie fragend ansah, aber sie hielt den Blick auf die Straße gerichtet. »So, wir sind da«, sagte sie, als sie hinter dem kleinen Fiat bremste.

»Ich würde mich wirklich sehr freuen, wenn du kommen könntest.« Tony legte ihr die Hand auf die Schulter. Er wandte den Blick nicht von ihrem Gesicht.

Elizabeth räusperte sich. »Das Konzert wird bestimmt nett«, antwortete sie lahm.

»Also ...« Tony blickte sie enttäuscht an. »Ich glaube, ich werde mich wieder in mein altes Ich zurückverwandeln müssen.« Er versuchte, fröhlicher dreinzusehen, als ihm tatsächlich zumute war. Unsicher rückte er seine falsche Nickelbrille zurecht. »Wenn du mich das nächste Mal siehst, wirst du mich ziemlich verändert finden.«

»Wo wirst du denn jetzt wohnen?« fragte Jessica. »Du bleibst doch bestimmt nicht bei den Sargents, oder?«

Tony schüttelte den Kopf. »Ich ziehe mit Jody für den Rest der Woche ins Malibu Inn. Und nach dem Konzert werde ich wahrscheinlich nach Los Angeles zurückkehren.«

Elizabeth schluckte. »Ich fahre jetzt lieber«, erklärte sie. »Bestimmt möchten die Bennets das Auto zurückhaben.«

Tony wirkte ganz geknickt, und Jessica bemerkte, daß er sich unheimlich zusammenreißen mußte. »Ich denke, wir sehen uns bald wieder.« Es war mehr eine Frage als eine Feststellung. »Liz, kann ich dich anrufen?«

Elizabeth sah ihn an. Wie gern hätte sie gewußt, was in ihm vorging!

Aber ich weiß es ja, sagte sie sich. Heute nachmittag, als »Jamie Galbraith« jemanden gebraucht hatte, mit dem er sich die Zeit vertreiben konnte, das war eine Sache gewesen.

Und jetzt war alles wieder »normal«. Tony war in seine wirkliche Welt zurückgekehrt, und zwischen ihnen war eine Mauer entstanden. Er war ein großer

Star. Und wer war sie? Nichts weiter als ein ganz normales, einfaches Mädchen.

Jamie Galbraith war die Erfüllung eines Traumes gewesen. Aber der Traum war zu Ende geträumt. Wenn Tony erst gepackt hat und ins Malibu Inn umgezogen ist, dachte sie, wird er ganz schnell vergessen, daß es mich überhaupt gibt.

»Ich glaube nicht, daß es Sinn hat, wenn wir uns wiedersehen«, antwortete Elizabeth steif.

Es tat Elizabeth weh, wie widerspruchslos Tony ihre Worte hinnahm. Wenn es doch nur eine Möglichkeit gegeben hätte – aber es war undenkbar. Es hatte absolut keinen Zweck, wenn sie sich irgendwelche Hoffnungen machte. Früher oder später würden sie sowieso enttäuscht werden.

Nein, so war es bestimmt am besten. Wenn es doch nur nicht so schrecklich wehtun würde, ihn weggehen zu sehen.

18

»Ehrlich, Jessie, ich meine es ernst.« Elizabeth legte sich auf ihrem Badelaken zurück und schob sich die Träger ihres jadegrünen Badeanzugs von den Schultern. »Wenn du immer noch den Job mit mir tauschen willst, habe ich nichts dagegen. Nach allem, was du für Taryn getan hast ...«

»Das war doch selbstverständlich«, wehrte Jessica ab. Sie strich sich die Haare zurück und blickte sich zufrieden um. Die Zwillinge lagen am öffentlichen Strand neben dem Grundstück der Bennets und aalten sich in der Sonne, während Lillian und Ben auf ihren Luftmatratzen im Wasser herumalberten.

»Nicht nur, daß du ihr das Leben gerettet hast«, fuhr Elizabeth fort. Ihr wurde immer noch ganz mulmig zumute, wenn sie daran dachte, was vor ein paar Tagen geschehen war. Heute war Montag, und Taryn war wieder aus dem Krankenhaus zurück. Sie schien sich jetzt schnell von ihrer Grippe und der Bronchitis zu erholen. »Ich weiß zwar nicht, wie du es geschafft hast, aber du hast Audrey wirklich geholfen, ihrem Kind näherzukommen.«

»Haben sie jetzt also wirklich ein besseres Verhältnis?« fragte Jessica interessiert, während sie sich einen Klecks Sonnenmilch auf den Arm gab.

Elizabeth dachte nach. »Na ja, man kann nicht

erwarten, daß von heute auf morgen alles perfekt ist. Sie haben noch einen langen Weg vor sich. Aber zumindest geben sie sich jetzt ehrlich Mühe. Malcolm und Audrey sind in der letzten Zeit immer zu Hause gewesen. Anscheinend vertragen sie sich wieder, und sie überschütten Taryn förmlich mit ihrer Liebe.«

»Also, *das* ist bestimmt nicht mein Verdienst«, meinte Jessica.

»Aber du hast es als erste geschafft, zu Taryn durchzudringen«, erinnerte Elizabeth sie. »Deswegen finde ich auch, wir sollten mit den Bennets und den Sargents sprechen, ob wir nicht für den Rest des Sommers den Job tauschen können. Das heißt, wenn du es immer noch möchtest.«

Jessica überlegte kurz, dann zuckte sie nachlässig die Schultern. »Ehrlich gesagt, sehe ich keinen Grund mehr, mit dir zu tauschen, Liz. Wir können gern alles beim alten lassen. Irgendwie habe ich mich an Sams Zimmer gewöhnt!«

Jessica hielt es nicht für nötig, ihrer Schwester zu erzählen, daß sie und Cliff erst heute eine lange Unterhaltung über dieses Thema gehabt hatten. Cliff hatte ihr seinen Standpunkt deutlich gemacht. Er war sehr gern mit Jessica zusammen, aber er fürchtete, ihre Beziehung würde darunter leiden, wenn sie einander zu nahe waren. Es hätte dem Ganzen den besonderen Reiz genommen. Jessica hatte ihr bestes versucht, um ihn umzustimmen, aber schließlich hatte er *sie* überzeugt, daß sich der Jobtausch nicht lohnen würde.

Außerdem sah Jessica nicht ein, weswegen sie Elizabeths hohe Meinung von ihr trüben sollte. Immerhin schien Elizabeth davon überzeugt zu sein, eine Heldin zur Zwillingsschwester zu haben. Also behielt sie lieber ihren wahren Grund, doch bei den Sargents zu bleiben, für sich!

Insgeheim war Elizabeth erleichtert. Obwohl Tony inzwischen bei den Sargents ausgezogen war, war das Haus für sie mit zu vielen Erinnerungen verbunden. Allein der Gedanke, dort zu wohnen – jeden Tag in dem Wohnzimmer zu sitzen, wo sie das erste Mal miteinander gesprochen hatten ... Entschlossen versuchte Elizabeth, das Bild von Jamie Galbraith – Tony Sargent – aus ihren Gedanken zu verbannen, wie er mit einem schüchternen Lächeln vor der Haustür gestanden hatte.

»Sind Ben und Lillian nicht ein süßes Paar?« Jessica kicherte. »Ich glaube, er hat sie ein für allemal von ihrer Spinnerei in bezug auf ältere Männer geheilt.«

»Sieht so aus«, stimmte Elizabeth abwesend zu. »Wo ist übrigens Cliff?«

»Er müßte jeden Moment kommen.« Jessica rollte sich auf den Bauch, um einen Blick auf die Uhr ihrer Schwester zu werfen. Als sie Elizabeths Gesichtsausdruck bemerkte, runzelte sie die Stirn. »Ich habe ein richtig schlechtes Gewissen«, meinte sie plötzlich. »Ich meine, Lillian hat Ben, und ich habe Cliff. Irgendwie ist das ungerecht. Daß Tony aber auch alles dadurch verderben mußte, daß herauskam, daß er gar nicht Jamie Galbraith ist!«

Elizabeth versuchte sich den Anschein zu geben, als berührte sie das gar nicht. »Was macht das schon aus? Früher oder später hat es ja so kommen müssen.«

Jessica sah bekümmert aus. »Aber es muß doch so romantisch gewesen sein, dich immer heimlich mit ihm zu treffen. Ich kann nichts dafür, aber irgendwie bin ich auf Tony böse. Natürlich nur um deinetwillen. Hat er dich angerufen?«

Elizabeth biß sich auf die Lippe. Bestimmt merkte Jessica gar nicht, wie taktlos sie war. Sie konnte aber auch nicht ahnen, wie miserabel sich Elizabeth während der letzten Tage gefühlt hatte. »Ja, er hat angerufen, aber ich habe nicht mit ihm gesprochen«, antwortete sie.

Jessica war fassungslos. »Warum denn nicht?«

»Warum denn? Es ist aus zwischen uns. Je eher ich mir das klarmache, desto besser.« Elizabeth gab ihrer Zwillingsschwester mit einem Blick zu verstehen, daß sie nicht weiter darüber reden wollte. Sie selbst würde sich allerdings noch lange damit beschäftigen.

Am Abend nach dem Unwetter war sie völlig verwirrt in das Haus der Bennets zurückgekehrt. Sie hatte sich nichts mehr gewünscht, als das Ganze erstmal zu überschlafen, aber als sie ankam, wollten die Bennets mit ihr reden. Besonders Audrey wollte Elizabeths Meinung darüber hören, wie sie es am besten anfangen sollten, ihr kleines Mädchen besser kennenzulernen. Ihr Gespräch hatte Stunden gedauert, und als Elizabeth endlich erschöpft in ihr Bett fiel, ging draußen schon die Sonne auf.

Die nächsten paar Tage waren wie im Flug vergangen. Sie fuhren oft zum Krankenhaus, und die

Erleichterung war groß, als klarwurde, daß Taryn das Schlimmste überwunden hatte. Und dann hatten sie Taryns Heimkehr feierlich vorbereitet. Die übrige Zeit hatte sich Elizabeth so oft wie möglich mit Jessica und Lillian getroffen.

Einerseits brauchte Elizabeth die Gesellschaft der beiden, um sich abzulenken, aber andererseits wurde sie dabei auch ständig an Tony erinnert. Das hatte Jessica natürlich gemerkt – mit mehr Scharfsinn als Taktgefühl. Elizabeth brauchte sich bloß Lillian und Ben anzusehen. Es war ganz offensichtlich, wie verliebt die beiden waren. Die Art, wie Ben Lillians Hand berührte, oder wie Lillian strahlte, wenn Ben ihr etwas ins Ohr sagte … Elizabeth dachte dann jedesmal sofort wieder an Tony und spürte Neid in sich aufsteigen.

Elizabeth fühlte sich abscheulich. Wenn sie und Tony doch nur eine Chance gehabt hätten, eine wirkliche Chance, sich besser kennenzulernen. Sie wandte sich von Jessica ab, damit ihre Schwester die Tränen in ihren Augen nicht sah. Sie mußte an den unglaublichen Augenblick denken, als Tony sie vor dem Restaurant in Santa Monica geküßt hatte. Es war fast, als durchlebte sie diesen Moment ein zweites Mal. Hinter ihnen hatte das Meer gerauscht, während er sie in die Arme genommen und mit dem Finger den Umriß ihrer Lippen nachgezeichnet hatte.

»Was auch immer geschehen mag, das hier sollst du nie vergessen«, hatte er gemurmelt, sich herabgebeugt und sie ganz innig geküßt …

Unwillkürlich wurde Elizabeth rot, als sie sich erinnerte, wie sehr sie sein Kuß aufgewühlt hatte. Verdammt, dachte sie wütend. Warum hat mir das passieren müssen? Warum habe ich mich in jemanden verlieben müssen, den es in Wirklichkeit gar nicht gibt?

»Na, da sind ja meine Lieblingszwillinge!« rief Cliff Sherman.

Er kam durch den Sand auf sie zugestapft und ließ sein Badelaken neben dem von Jessica auf den Boden fallen. »Ich habe dich vermißt, Jessie«, verkündete er und drückte ihr einen Kuß ins Haar.

»Hmm, ich dich auch«, antwortete Jessica geschmeichelt.

Dann warf sie ihrer Zwillingsschwester einen Seitenblick zu und stieß Cliff mit dem Ellbogen an. »Hast du ihn schon gefragt?« flüsterte sie ihm zu.

»Ach, ja, stimmt«, zischte Cliff zurück. »Du, Liz«, meinte er beiläufig, »habe ich dir eigentlich schon von meinem Freund Brent erzählt? Er ist ein wirklich netter Kerl. Wir sind an derselben Schule, und er möchte auch einmal Schriftsteller werden. Er und ich und noch ein paar Freunde haben überlegt, Pizza essen zu gehen, und wir dachten, vielleicht hättest du Lust mitzukommen.«

Elizabeth schüttelte den Kopf. »Das ist wirklich lieb von euch beiden, aber ich habe heute zu überhaupt nichts Lust.«

Entmutigt sah Jessica Cliff an. »Komm, wir gehen spazieren«, schlug sie plötzlich vor, sprang auf und faßte ihn bei der Hand.

»Wir bleiben nicht lange weg«, sagte Cliff zu Elizabeth, die lustlos in ihrem Roman blätterte.

»Ja, ja«, erwiderte Elizabeth gleichgültig. Sie bemerkte kaum, daß die beiden weggingen.

Sobald sie außer Hörweite waren, stieß Jessica Cliff leicht in die Seite. »Es ist einfach ungerecht. Das Ganze ist unbeschreiblich traurig.« Sie seufzte. »Aber ich kann nicht begreifen, weshalb sie nicht mit ihm sprechen will. Sie gibt ihm nicht die geringste Chance. Vielleicht ist er ja total verliebt in sie. Cliff, was sollen wir nur tun?«

»Tja«, meinte Cliff nachdenklich und legte den Arm um Jessica, »ich bin gar nicht sicher, ob wir überhaupt etwas tun können, Jessie. Wahrscheinlich hat deine Schwester sogar recht. Die Chance, daß es wirklich mit ihr und Tony Sargent klappen könnte, ist nicht besonders groß. Dazu sind ihre Lebensweisen zu verschieden. Elizabeth versucht wahrscheinlich nur, den Schmerz so schnell wie möglich zu überwinden und die Sache hinter sich zu bringen.«

»Wie meinst du das?« Jessie sah ihn verwirrt an.

»Na ja, vielleicht glaubt sie, wenn sie Tony wiedersieht oder auch nur mit ihm am Telefon spricht, dann würde das alles nur noch schwerer machen. Ich finde, wir sollten darauf vertrauen, daß sie selbst am besten weiß, was gut für sie ist.«

»Ich weiß nicht.« Jessica schüttelte den Kopf. »Ich finde, daß Elizabeth vor ihren eigenen Gefühlen davonläuft. Meiner Meinung nach sollte sie ihn wiedersehen – wenigstens einmal noch.«

Cliff zuckte mit den Schultern, dann beugte er sich vor und gab Jessica einen Kuß auf den Hals. »Vielleicht hast du recht. Ehrlich gesagt, ich mache mir auch Sorgen um Elizabeth. Sie scheint wirklich sehr niedergeschlagen zu sein. Meinst du, es würde sie aufmuntern, wenn sie morgen abend zu Tonys Konzert ginge?«

»Ich frage sie ja ständig, aber sie will nichts davon hören.« Jessica kicherte. »Heh – du kitzelst mich!«

Cliff grinste, dann wurde er wieder ernst. »Also, ich finde, sie sollte hingehen. Wir sollten sie einfach mitschleppen. Mag sein, daß es schlimm für sie wird, Tony wiederzusehen, aber vielleicht hast du recht. Vielleicht ist es besser für sie, sich der Situation zu stellen, statt sich zu Hause zu verkriechen und Trübsal zu blasen.«

»Genau«, stimmte Jessica zu, und ihre Augen blitzten entschlossen. »Nur, daß *du* sie überreden mußt. Ich habe es schon auf jede erdenkliche Weise probiert. Und ich weiß ja, wie überzeugend du sein kannst.«

»So?« Cliff grinste breit und wickelte sich eine Strähne von Jessicas hellem Haar um den Finger. »Wenn du es sagst. Dann wird sie also mitkommen.«

Das sanfte Plätschern der Wellen wirkte einschläfernd auf Elizabeth. Es war später Nachmittag, und sie war allein am Strand. Jessica und Cliff waren schon zu den Sargents zurückgegangen, und Lillian und Ben hatten sich für den Nachmittag ein Segelboot beim Yachtclub ausgeliehen.

Elizabeth bemerkte gar nicht, wie warm die Sonne auf ihre Haut schien. Es war wirklich zum Verrücktwerden. Den ganzen Vormittag hatte sie sich danach gesehnt, allein zu sein, um in Ruhe über Tony nachdenken zu können. Nun war sie allein, und sie fühlte sich miserabel. Das ganze Grübeln machte sie nur noch trauriger.

Sie konnte gar nicht genau sagen, was sie am meisten an der Geschichte mit Tony aufbrachte. Gut, nachdem Ted, ihr erster Freund, weggezogen war, hatte sie sich mit Jeffrey angefreundet, aber das Ganze war noch so neu, daß sie ihre Gefühle gar nicht richtig einzuschätzen wußte. Und jetzt plötzlich war Tony in ihrem Leben aufgetaucht, und sie war verwirrt, weil sie soviel für ihn empfand.

Aber jetzt fühlte sie sich, als hätte ihr jemand ins Gesicht geschlagen. Am schlimmsten war die Angst, daß Tony sie nur benutzt hatte, daß sie sich nur eingebildet hatte, er hätte ihre Gefühle erwidert. Sie wußte einfach nicht, ob er sich überhaupt etwas aus ihr gemacht hatte.

Zwar hatte er ihr immer wieder versichert, wie sehr er sie mochte. Aber schließlich hatte er als Jamie Galbraith vieles gesagt, was nicht stimmte. Selbst die Tatsache, daß er sie dreimal vom Malibu Inn aus angerufen hatte, brauchte nicht unbedingt etwas zu bedeuten.

Elizabeths Verstand sagte ihr, daß sie unmöglich mit Tony Sargent zusammenbleiben konnte. Er lebte in einer Welt, von der sie kaum eine Vorstellung hatte. Sie wußte nicht mal, ob ihr diese Welt überhaupt gefallen würde.

Aber das alles änderte nichts an ihren Gefühlen für

ihn. Sie wollte so gern glauben, daß sie ihm etwas bedeutet, daß sie einen bleibenden Eindruck bei ihm hinterlassen hatte.

Der Gedanke, daß er vielleicht schon ihren Namen vergessen hatte, während ihr das Herz brach, war einfach unerträglich.

Ein dünnes Stimmchen unterbrach sie in ihren Grübeleien. »Liz?«

Mit einem Ruck richtete Elizabeth sich auf. »Taryn!« rief sie. Das kleine Mädchen kam schüchtern näher, und Elizabeth streckte die Arme aus. »Darfst du denn überhaupt schon aufstehen?«

»Mommy hat es mir erlaubt.« Taryn steckte den Daumen in den Mund und lächelte Elizabeth zaghaft an. Im nächsten Augenblick lag sie in ihren Armen und barg ihren zerzausten Kopf an ihrer Schulter.

»Ach, Taryn«, sagte Elizabeth halb froh, halb traurig. Sie wiegte das kleine Mädchen sanft hin und her. Tränen traten ihr in die Augen, und schließlich konnte sie sie nicht länger zurückhalten. Unaufhaltsam rannen sie ihr über die Wangen, als wollten sie gar nicht mehr versiegen.

»Warum weinst du denn?« fragte Taryn und berührte Elizabeths nasses Gesicht.

Elizabeth schüttelte den Kopf. Sie brachte kein Wort heraus.

»Hast du Angst, daß dich niemand lieb hat?« Taryn blickte sie ernst an. »Meine Mom sagt nämlich, in Wirklichkeit haben sich die Menschen lieb. Manchmal sind sie nur durcheinander und vergessen, sich zu zeigen, wie lieb sie sich haben.«

Elizabeth holte tief Luft und zog Taryn wieder an sich. Sie umarmte sie so fest, daß das kleine Mädchen nach Luft schnappte.

»Deine Mutter hat recht«, antwortete Elizabeth und bemühte sich, ihre Beherrschung wiederzufinden.

Sie wünschte nur, sie hätte auch daran glauben können oder wenigstens eine Möglichkeit gesehen, sich Gewißheit zu verschaffen.

19

»Na, freust du dich nicht, daß du doch noch mitgekommen bist? Ist es nicht ein Glück, daß Cliff soviel Überredungskraft hat?« fragte Jessica, während sie sich in der überfüllten Halle umsah. Ihr Gesicht glühte vor Aufregung und Erwartung. »Es wäre zu schade gewesen, wenn du heute abend nicht dabeigewesen wärst, Liz.«

Trotz ihrer Sonnenbräune war Elizabeths Gesicht ganz blaß. »Ja, ich freue mich«, erwiderte sie schwach und betrachtete beeindruckt die Menschenmenge um sich herum. All diese Leute waren gekommen, um Tony zu sehen! Der Gedanke machte sie schwindelig. Sie konnte kaum glauben, daß sie noch vor kurzer Zeit allein mit ihm im Beach Café gesessen und Händchen gehalten hatte.

Lillian stieß Jessica an. »Guck mal, da ist schon die Band für's Vorprogramm, die *Number One!*«

Elizabeth und Jessica kannten die beliebte Pop-Gruppe, die aus Los Angeles kam, denn Lillian hatte sie schon einmal für eine ihrer großen Partys engagiert.

»Kommt, wir suchen unsere Plätze«, schlug Ben vor und warf einen Blick auf eine der Freikarten, die Jessica am Vormittag an der Rezeption des Malibu Inn abgeholt hatte. Elizabeth hatte sich geweigert, sie zu begleiten, obwohl oder gerade weil Jessica behauptet hatte, wenn sie, Liz, und Tony sich in der Hotelhalle begegnen würden, würden sie sich sofort wieder ineinander verlieben.

»Schlimm genug, daß du und Cliff mir so lange wegen diesem albernen Konzert auf den Geist gegangen seid«, hatte Elizabeth gesagt. »Wenn du unbedingt zu dem Konzert willst, kannst du auch die Eintrittskarten holen.«

Unglücklicherweise hatte Jessica weder Tony noch Jody zu Gesicht bekommen. Die Freikarten befanden sich in einem Umschlag, aber es lag keine persönliche Mitteilung dabei.

»Er hat uns sagenhafte Plätze verschafft«, stellte Jessica fest.

Elizabeth gab keine Antwort. Sie hatte denselben abweisenden Gesichtsausdruck wie immer, wenn die Rede auf Tony Sargent kam. Das machte Jessica traurig – traurig und besorgt zugleich.

»Mensch, das ist ja irre!« rief Ben begeistert, als sie den vorderen Teil der überfüllten Halle erreichten. »Wir sitzen praktisch in der ersten Reihe!«

»Was hast du denn erwartet?« fragte Jessica übermütig. Fast kam sie sich selbst wie ein Star vor. Schließlich besuchte sie Tony Sargents Konzert aufgrund seiner ausdrücklichen Einladung, und die Eintrittskarten waren ein persönliches Geschenk von ihm. Genau dafür war sie nach Malibu gekommen. Es war einfach phantastisch!

Endlich hatten sich die fünf auf ihre Plätze gesetzt, genau in der Mitte und nur drei Reihen von der Barriere entfernt. Sie hatten einen ungehinderten Blick auf die Bühne, die jetzt voll ins Scheinwerferlicht getaucht war.

Die Vorgruppe baute ihre Anlage auf. Die Aufregung im Publikum wuchs, während immer mehr Leute durch die Eingänge hereinströmten.

Dann wurde plötzlich das Licht gedämpft, und die *»Number One«* betraten die Bühne. Das Publikum brach in stürmischen Beifall aus.

Elizabeth lehnte sich in ihrem Sitz zurück und wünschte, sie wäre zu Hause geblieben. Nicht, daß sie etwas gegen Rock-Konzerte hatte. Sie wußte nur, wie schlimm sie es finden würde, Tony dort oben auf der Bühne wiederzusehen, zum Greifen nah und doch unerreichbar. Bei dem bloßen Gedanken krampfte sich ihr der Magen zusammen. Wie würde er überhaupt aussehen, ohne seine Verkleidung? Sie fragte sich, ob sie noch soviel für ihn empfinden würde, wenn sie ihn als »echten« Tony Sargent sah. Vielleicht hatte sie sich ja nur in den Menschen verliebt, in dessen Rolle er eine Zeitlang geschlüpft war.

Sie war nur deshalb mitgekommen, um nicht vollends in Depressionen zu versinken. Cliff hatte ganz recht. Es wurde langsam Zeit, daß sie wieder zu ihrer gewohnten guten Laune zurückfand. Also saß sie hier, hörte der Musik zu und beobachtete, wie die Zuschauer begeistert aufsprangen und sich im Rhythmus der Musik bewegten und klatschten. Sie wünschte nur, daß es bald vorbei war. Unbeteiligt, mit Tränen in den Augen, starrte sie nach vorn.

Die *Number One* beendeten ihr letztes Stück unter

begeistertem Applaus. Elizabeths Anspannung wurde immer schlimmer. Als nächstes würde Tony auftreten.

»Das war *Number One!*« rief der Ansager.

Elizabeth fühlte ein Prickeln im Nacken.

»Und jetzt ... kommt der Mann, auf den ihr alle gewartet habt! Ich will ihn euch nicht länger vorenthalten – Tony Sargent!«

Die Zuschauer wurden wild. Die Leute sprangen johlend auf und warfen Luftschlangen und Konfetti um sich. Elizabeth hielt die Luft an. Und plötzlich war er da! Er sah phantastisch aus. Mit klopfendem Herzen sah sie zu, wie er nach vorn auf die Bühne lief, das Mikrophon nahm und sich den Zuschauern zuwandte.

»Hallo, Malibu«, sagte er und lächelte sein Publikum gewinnend an. Der vertraute Klang seiner Stimme trieb Elizabeth die Tränen in die Augen.

Er wirkte wie ein ganz anderer Mensch. Sein Haar war wieder blond und stand vorn von der Stirn etwas hoch. Er trug enge schwarze Jeans und ein knitteriges weißes Hemd, das halb offenstand. Aber seine Stimme – diese unglaubliche, rauhe Stimme! Wenn sie die Augen schloß, konnte sie sich fast einbilden, sie wären wieder zusammen im Beach Café.

Tony hob die Hände und wartete, bis die Leute ruhiger wurden. »Ich habe einen ganz besonderen Song, mit dem ich heute abend beginnen will«, sagte er. Seine Stimme jagte Elizabeth einen Schauer nach dem anderen über den Rücken. »Einen besonderen Song für ein ganz besonderes Mädchen. Ich habe ihn diese Woche geschrieben, und mein Manager meint, damit werden wir einen ganz großen Hit landen.«

Dieser Ankündigung folgte noch mehr Applaus, und Tony mußte wieder warten, bis sich die Zuschauer beruhigt hatten. »Der Song heißt ›*Summer Girl*‹«, fuhr er fort, während er von einem Ende der Bühne zum anderen ging, »und ich möchte nur noch sagen, falls Liz heute abend hier in der Halle ist – Liz dieser Song ist für dich.«

Elizabeth erstarrte.

»Liz, damit bist du gemeint!« rief Jessica aufgeregt und boxte ihre Schwester in die Seite.

Elizabeth war wie vom Donner gerührt. Das Licht im Saal wurde noch gedämpfter. Einer nach dem anderen hielten die Zuschauer Feuerzeuge, Kerzen oder Streichhölzer in die Luft. Die kleinen Flammen wirkten wie Tausende flackernder Sterne. Elizabeth fühlte, wie all ihre unterdrückten Empfindungen wieder lebendig wurden.

Tonys Stimme war warm und tief, und durch die Halle schien ein Seufzer zu gehen, als er zu singen begann.

Summer girl, just one brief look,
One stolen moment, that was all it took.
All my life I'd waited for
A girl who was special, a girl who was more.

Summer Girl, ein kleiner Blick,
ein kurzer Moment, mehr war nicht nötig.
Mein Leben lang hatte ich auf dich gewartet,
ein Mädchen, das mir mehr, das mir alles bedeutet.

We really didn't habe very long,
Time for a kiss, time for a song.
But summer girl, I think I always knew
My whole life, that it was you.

Viel Zeit blieb uns nicht,
gerade genug für einen Kuß.
Aber, Summer Girl, ich hatte immer gewußt,
mein Leben lang, daß du es warst.

Wherever I go in this big cold world,
I'll be thinking of you, my summer Girl,
Thinking of your smile and wondering when
My summer girl, we'll meet again.

Wo mich mein Weg auch hinführen wird,
immer werde ich an dich denken, mein Summer Girl,
ich werde an dein Lächeln denken und mich fragen,
Summer Girl, wann wir uns endlich wiedersehen.

We'll meet again,
I think I always knew,
My summer Girl, that it was you.

Wir werden uns wiedersehen.
Ich glaube, ich habe immer gewußt,
mein Summer Girl, daß du es warst.

Elizabeth versuchte, die Tränen aus ihren Augen wegzublinzeln, aber es nützte nichts. Sie bemerkte, daß die Zuschauer um sie herum zu toben begannen, doch es schien ihr, als gehörte sie gar nicht dazu, als wäre sie ganz allein mit ihrem Schmerz und ihren Empfindungen. Sie spürte deutlich, daß Tonys Blick auf ihr ruhte, als er seinen Song beendete, und mit einemmal konnte sie sich nicht länger beherrschen und fing an zu weinen, als wollte sie nie wieder aufhören.

Also hatte sie ihm doch etwas bedeutet! Plötzlich war Elizabeth überzeugt, daß ihre Begegnung mit Tony nicht nur ihr wundervollstes, sondern auch das schlimmste Erlebnis war, das sie je gehabt hatte. Sie wußte, sie würde ihn nie wieder sehen – auf gar keinen Fall konnte sie hinter die Bühne gehen, wenn das Konzert zu Ende war. Dazu war das, was sie miteinander verbunden hatte, einfach zu kostbar. Es hatte nur so lange existiert, wie es Jamie Galbraith gegeben hatte. Und jetzt war es für immer verloren.

Aber sie würde ihn niemals vergessen. Und während sie ihn mit leidenschaftlicher Stimme den Song beenden hörte, wußte sie, daß auch er sie niemals vergessen würde.

ENDE